_____님께

이 책을 드립니다.

거침없이 교육

곽노근 지음

거침없이 교육

초판 1쇄 인쇄 2021년 8월 13일
초판 1쇄 발행 2021년 8월 21일

지 은 이 | 곽노근
펴 낸 이 | 천정한
펴 낸 곳 | 도서출판 정한책방
출 판 등 록 | 2019년 4월 10일, 제2019-000036호
주   소 | (서울본사) 서울 은평구 은평로3길 34-2
             (충북지사) 충북 괴산군 청천면 청천10길 4
전   화 | 070-7724-4005
팩   스 | 02-6971-8784
블 로 그 | http://blog.naver.com/junghanbooks
이 메 일 | junghanbooks@naver.com
I S B N | 979-11-87685-58-6 (03330)

한국 교육계를 향한 날선 비판

거침없이
교육

곽노근 지음

아직 무르익지 않은,
실명 비판의 늪에 빠지다

  적어도 스무 살 이후부터는 책을 좋아했다. 전북대 강준만 교수의 사회 비판서를 접하면서 비판적 지식인들의 글을 좋아하게 되었다. 그의 〈인물과 사상〉 시리즈에서 나는 헤어 나올 수 없었고, 이어 고종석, 진중권, 박노자, 홍세화, 유시민, 김규항의 글을 접하면서 역시 헤어 나올 수 없었다. 지금은 누구의 글이든 적당히 거리를 둬 가며 보려 노력하지만, 그때는 그저 그들에게, 그들의 책에 빠져들었다. 책은 이후 언제나 나와 함께였다. (물론 아직 멀었다. 부끄러운 수준이다.)

  비판적 지식인(위에 언급한 강준만, 고종석, 진중권 등의 지식인들이 사회 비판적 글을 많이 쓰니, 그냥 이렇게 부르련다)들의 글을 많이 접하다 보니, 그들을 따라 하고 싶어졌다. 나도 한 번 글을 쓰고 싶어졌고, 그들의 문체는 어설플지언정 나에게 스며들었다. 내 문체가 다소 거칠고 싹수없을 때가 간혹 있다고 한다면, 다 저들 때문이라고, 저들 탓이라고 책임을 떠넘겨 본다.

어설픈 글들을 옛 '싸이월드'(이제는 추억이 된 옛 SNS 공간 중 하나) 같은 공간에 씨부렁거렸다. 글 쓰는 게 좋았고, 한 편의 글이 완성되면 나도 무슨 '비판적 지식인'이 된 것 마냥 뿌듯했다. 그렇게 자기만족적 글쓰기는, 조금씩 계속되었다.

한 교육 언론의 필진이 되다

시간이 지나 나는 외적인 자극과 압박이 없으면 글을 쓰지 않는 귀차니스트가 되었다. 글을 놓은 지 오랜 시간이 흘렀다. 서울경기글쓰기교육연구회에 들어가게 된 건, 그런 내가 글을 쓸 수 있게끔 하는 아주 작은 자극이 되었다. 회보의 존재가 그 자극이었다. 이왕 회보에 글을 실을 거, 아이들 글은 글대로 싣되, 내 글을 좀 제대로 써서 실어보자. 활자화된 내 글은 나름 나를 뿌듯하게 했다. (사소하지만, 이 작은 뿌듯함이 나로 하여금 글을 쓰게 하는 동인이 된다.) 그나마 글을 쓸 수 있게 되었다.

한 번은 회보에 평소보다 좀 더 공들여 쓴 글을 보내보기로 했다. 교육공무직 처우 문제가 내 눈에 밟혔었다. 내가 생각하기에, 그에 관한 온갖 오해와 억측과 잘못된 사실들이 떠돌아다니고 있었고, 무언가 한 번 제대로 파헤쳐서 짚고 넘어가고 싶었다. 시도 때도 없이 기사를 검색하며 정보를 찾았고, 찾은 정보를 꿰어 맞춰 다시 줄 세우고, 내 생각의 흐름에 따라 글을 썼다. 정말 열심히 썼다. 새벽까지 썼다. 이렇게까지 쓸 건 아니었는데, 너무 열심히 써버렸다. 그렇게 쓴 글이 이 책 첫 번째 순서로 실린 '교육공무직에 대한 우리의 분노는 정당한가'라는 글이었다.

생각보다 너무 열심히 공들인 내 노가다가 조금 아까워, 평소 가끔씩 보곤 했던 인터넷교육언론 〈에듀인뉴스〉(www.eduinnews.co.kr)에 무턱대고 이메일주소를 찾아 보내봤다. 실으려면 싣고, 말려면 말고. 답 메일이 왔고, 내게 사진을 달라했으며, 바로 다음날 글이 실렸다. 그리고 필진으로 함께하는 게 어떻겠냐는 제안도 왔다. 떨리는 순간이었다.

〈거침없이 교육〉이라는 이름으로 10개월가량 글을 썼다. 내 나름대로는 앞뒤 안 가리고 썼다. 비판 문화가 부족한 교육계에서, 불편할 수 있을 실명 비판도 대책 없이 해버렸다. 그렇게 글이 쌓였고, 이전에 이곳저곳 썼던 글들을 합치니, 얼추 책 한 권 분량이 되었다. 책을 내고자 하는 내 환상과 욕망을, 감사하게도 정한책방 천정한 대표님이 받아주셨다.

실명 비판의 늪

하지만 책을 내기에 내 글은 다소 위험한 부분이 있었다. 앞뒤 안 가리고 해댄 '실명 비판' 때문이었다. 몇 사회적 명사와 존경할 만한 이들을, 한없이 초라하고 부족한 어떤 이가, 때로 너무 앞뒤 안 가리고 까버렸기 때문이다. 다소 경솔한 부분도 있었겠지만, 그런 '공인(公人)'들을 감히 비판한 건 그리 후회되지 않는다. 공인인 그들은 비판받는 것이 업이라 할 만큼, 비판에 열려 있어야 하고, 열려 있을 거라 믿기 때문이다. 게다가 듣도 보도 못한 나 같은 이의 글을 그들이 볼 가능성도 거의 제로(?)에 가까우니 (슬프게도) 문제될 일도 없지 않겠는가.

그러나 오히려 동료 교사들의 실명을 언급하며 비판적 뉘앙스의 글을 쓸 땐 꽤 불편했다. 비판 문화에 취약한 한국 사회에서, 서로 언제고 얼굴을 봐도 이상할 것 없는 이 좁은 교직 사회 속 동료 교사를 비판한다는 건 쉽지 않은 일이었다. 비판을, 본인에 대한 비난이나 인신공격으로 받아들일 가능성이 농후했다. 실제로 나의 비판에 불편해 하신 분도 계셨고 그와 관련해 몇 번의 설전이 있기도 했다. 그런 와중에 건전한 토론이 오가기도 했고, 서로 기분을 언짢게 하는 말들이 오가기도 했다. 실명 비판은 쉽지 않았다.

두 가지 측면에서 문제가 있을 것이다. 먼저, 전반적인 비판 문화, 토론 문화가 충분히 무르익지 못했다는 걸 지적하지 않을 수 없다. 많은 이들이 아주 사소한 비판도 받아들이지 못한다. 비판에 동의하지 못하겠다면 차분히 논리적으로 다시 반박하면 될 일인데, 차분한 반박 대신, 감정적 대응을 하는 경우가 허다하다. 감정적 대응은 이후 생산적인 논의를 불가능하게 한다. 비판과 반론, 재반론이 인신 공격적 언어로 변질되지 않고 생산적인 방식으로 이루어진 경우를 나는 거의 본적이 없는 것 같다. SNS 상에서는 말할 것도 없고, 지식인들이 비교적 문장을 다듬으며 펼친 논쟁에서도 마찬가지였다. 심지어 '실명 비판'을 처음 제대로 하기 시작한 강준만 교수조차도, 얼마나 많은 거친 언어들 속에서 논쟁을 벌여 왔던가.

그러나 성숙하지 못한 토론 문화나 사람들만을 탓할 수는 없는 노릇이다. 나의 글과 비판 또한 충분히 성숙하지 못한 부분이 있음을, 상대방을 기분 나쁘게 하지 않기 위한 세심한 노력이 부족했음을 인정한다. 조금 더 둥글둥글하게 문장을 다듬었으면 좋았을 걸, 하는 생각이 들기도 했다. 쓸데없는 감정 소비를 줄이기 위해 더 노력했어야 했는데, 못한 부분이 있음도 인정한다. 느닷없이 이름이 불려나와 비판의 대상이 된 분들께, 미안한 마음을 전한다. 반론할 게 있으신 분들은 언제든 해주셨으면 한다. 그 분들과 생산적인 논쟁을 하며 배워나갈 수 있으면 더 바랄 게 없겠다.

세상에 나오지 못하고 묻힐 뻔했던 보잘 것 없는 글을 끄집어 내주신 정한책방 천정한 대표님께 감사의 말씀을 드린다. 글이 말이 되게끔 매번 함께 다듬고 고민해준, 동료 교사이자 오랜 벗인, 한재경에게도 고마움을 전한다.

무엇보다 늘, 언제나, 무엇이든, 함께 고민하고 격려하며 지지해준, 사랑하는 아내 혜림이가 제일 고맙다.

2021년 8월

곽노근

/ 목차 /

프롤로그 아직 무르익지 않은, 실명 비판의 늪에 빠지다   • 4

---/ **1** /---
교육, 거침없이 비판하다

교육공무직에 대한 우리의 분노는 정당한가   • 14

이관우 충남교육청노조위원장과 News1 기사를 비판한다   • 34

교사는 학생만 가르치면 안 되는가   • 43

교사가 이태원을 간 것이 죄인가   • 58

'정치하는 엄마들'의 무례함을 비판한다   • 72

교사는 정말 이기적인 걸까   • 81

사소한 꼬투리   • 99

밥 빌어먹기 힘들다   • 104

진보지식인 자녀의 특목고 보내기, 위선인가 – ①   • 119

진보지식인 자녀의 특목고 보내기, 위선인가 – ②   • 125

노조와 단체의 갈림길에서   • 134

일기 검사는 인권침해라는 오해와 편견에서 벗어나기   • 152

국가인권위원회가 놓치고 있는 것들   • 159

김누리 교수의 독일 교육 이야기에 딴지 걸기   • 167

2

교육, 돌아보다

밖에서의 민주주의, 안에서의 민주주의 · 178

교사는 꼰대일까 · 189

코로나와 함께한 6개월을 돌아보다 · 198

교사, 왜 튀면 안 되는가 · 207

왜 그렇게 승진을 하려 하는가 · 218

나는 왜 승진을 하지 않는가 · 227

3

교육, 교실로 들어가다

기부를 했어요! · 236

학교 가기 싫다 · 243

똥 앞에서 한 점 부끄럼 없기를 · 247

교실에서 에어컨을 끄자는 고리타분한 이야기 · 253

사과 · 264

1

교육,
거침없이
비판하다

교육공무직에 대한
우리의 분노는 정당한가

나는 초등학교 교사다. 교사 분들 중, 글의 제목이 마음에 안 들 분들이 상당히 많다는 것을 안다. 제목에서 냄새가 나기 때문이다. 교육공무직에 호의적일 것 같은 냄새. 부정하진 않겠다. 이 글을 쓴 데에는 그들에 대한 불필요한 오해를 걷어내고, 과잉된 우리들의 감정을 조금 가라앉히고자 하는 의도가 깔려 있기도 하기 때문이다. 그러나 나는 (하나마나 한 말이겠지만) 어느 편도 아니며 그들을 옹호하기 위해 글을 쓴 것도 아니다. 그렇게 보일 소지의 내용이 있으나, 그 반대로 볼 내용도 있을 것이다. 그저 우리의 주장이, 감정이 사실에 기반한 것이었으면 좋겠고, 필요 이상으로 상대방을 비난하지 않았으면 좋겠다. 불필요

거침없이 교육

한 생채기, 안 냈으면 좋겠다.

　2020년 3월, 모든 교사를 분노에 떨게 만든 발언이 있었다. 바로 그 유명한 조희연 교육감의 실언. "사실 학교에는 '일 안 해도 월급 받는 그룹'과 '일 안 하면 월급 받지 못하는 그룹'이 있습니다. 후자에 대해서 만일 개학이 추가 연기된다면 비상한 대책이 필요할 것입니다. 이런 지적도 많으셨는데, 검토하겠습니다. 코로나에 어려운 집단은, 더 어려울 수 있으므로 특단의 대책이 필요할 것입니다."

　그 당시 이 글을 보고 얼마나 분노했던지 모른다. 글을 쓰느라 다시 한 번 찾아서 고개 숙여 사과하는 조희연 교육감의 모습을 보는데, 분노는 전혀 사라지지 않는다. 분노가 치밀어 오른다 정말. 치밀어 오르는 분노를 조금 가라앉히고 차분히 살펴봤을 때 그가 무슨 말을 하고 싶었는지는 알겠다. 그리고 그 고민은 타당하다. 그러나 그 고민의 타당함과는 별개로, 교사인 내가, 저런 모욕적인 표현을 듣고 분노하지 않는 건 가능하지 않다. 그로 인해 학교 교직원은, '일 안 해도 월급 받는 그룹'과 '일 안 하면 월급 받지 못하는 그룹'으로 명확히 나뉘어, 서로를 더 곱지 않은 시선으로 보게 되었다.

　그 이후 청와대 국민청원에는 '역차별, 현장 갈등 유발하는 교육공무직에 대해 다음과 같이 요구합니다'와 같은 내용이 올라오기도 했다. 조금씩 분노는 시작되고 있는 것 같다. 차분히 생각해보자. 교육공무직에 대한 우리의 분노는 정당한지.

교육공무직은 비정규직인가

혹시 교육공무직이 무엇인지 모르는 분들이 있을까봐 얘기하자면, 교육공무직은 '학교에서 교육실무와 행정실무를 담당하는 직원'을 일컫는다. 예전에는 교무보조, 행정보조, 과학보조 등의 이름으로 써 오다가 최근에는 거의 '실무사'라는 이름으로 통일되었다. 교무실무사, 행정실무사, 과학실무사 등으로 불리며 보통 교사, 행정직 공무원 등과 함께 행정 업무를 처리한다. 여기에 급식을 책임지는 조리원 분들도 교육공무직에 포함시킨다.

일단 이것부터 짚어보자. 교육공무직은 비정규직인가? 현재 채용된 대부분의 공무직과 신규 채용되는 공무직 대부분이 만 60세 정년까지 보장된다. 근무 일수와 보수는 매년 교육공무직 처우 개선 계획에 따라 달라지지만, 주당 40시간 근무를 기본으로(시간제는 20시간) 월 기본급이 명시되어 있으며, 가족수당, 교통보조비, 근속 수당, 정액 급식비, 명절휴가비 등이 지급되고, 직종에 따라 위험수당 등도 지급되고 있다. 고용주에 의해 직접 고용되고, 계약 기간을 따로 정하지 않으며, 전일제 노동을 하는 게 정규직이라고 한다면, 이런 정규직의 전형적 형태를 벗어나는 것이 비정규직이다. 공무직을 과연 비정규직이라고 할 수 있을까? 과거 비정규직이던 시절이 있었으나, 현재는 무기계약직이라는 다른 이름(혹은 '기간의 정함이 없는 교육공무직'이라는 이름)의, 굳이 부정할 필요 없는 '정규직'이 되었다.

그런데도 대부분의 언론과 교육공무직 관련 노조들은 이들을 '비정규직'이라고 부른다. 교육공무직 노조의 연대체인 '전국학교비정규직연대회의'(이하 '학비연대')라는 이름만 봐도 그렇고, 언론 인터뷰 등에서 스스로를 칭할 때도 '비정규직'이라는 단어를 스스럼없이 쓴다. 그리고 교육 행정공무원과 교사(교육공무원)들을 자기들과 대비되는 개념으로 '정규직'이라고 칭하는 경우가 많다. 아직 처우에 있어 개선될 여지가 많다는 그들의 주장을 일단 받아들인다고 치자. 하지만 그것과 본인들의 신분을 '비정규직'이라고 얘기하는 건 다른 문제다. 교육공무직은 '정규직'이다. 다만 '공무원'이 아닐 뿐.

교육공무직은 공무원이 되길 원하는가

2020년 3월 27일 논란이 된 국민청원이 또 올라왔었다. 그 청원은 교사들의 단체 카카오톡 채팅방 등 SNS에 공유되면서 일파만파로 확산됐다. 하루 만에 동의가 11만437명(28일 오후 5시 기준)이 될 정도로 관심과 분노가 뜨거웠다. 청원의 제목은 '공무직을 공무원으로 채용하라는 교육부 장관의 입법 예고에 반대하며, 공무직 정부위원회 출범을 철회할 것을 요구한다'였다. 교사들의 뇌관을 건드린 건 알다시피, '공무직을 공무원으로 채용'한다는 내용이었다.

그러나 이는 사실이 아니다. 청원에서 그 근거로 든 것은, 교육부가 13일부터 행정 예고한 '교육부 장관 관할 국립학교 근로자 관리규정 일부 개정령(안)'인데, 이 내용 어디에도 공무직의 공무원 채용에 관한 내용이 포함돼 있지 않다. 특히 '교사 자격을 갖춘 직원은 관계 법령을 준수해 교사로 채용하도록 노력해야 한다'는 문구는 공유되고 있는 내용과는 달리 어디에도, 유사한 형태로도 포함돼 있지 않다. 행정예고 안은 '무기계약 근로자'와 '기간제 근로자'를 '교육공무직'으로 통합하고, 채용과 근로조건은 '기간제법'과 '근로기준법'을 준용하는 형태로 운영하겠다는 개정 사항을 골자로 하고 있다. 이 외에 청렴 의무 등 추가적인 의무와 휴직, 휴가, 모성보호 등 몇 가지 처우 개선사항을 포함하고 있다. 이는 각 시·도교육청이 공립학교 공무직에 이미 적용하는 내용으로 이를 국립학교에도 적용하겠다는 것이다.

그렇다면, 왜 이런 오해가 생긴 걸까? 행정예고안에 오해할 만한 문구가 있기는 했다. '연중 9개월 이상 계속되고, 향후 2년 이상 지속될 것으로 예상되는 상시·지속적 업무 신설 또는 결원

시 처음부터 정규직으로 채용'이라는 문구다. 정규직이라는 단어가 같은 문서 다른 곳에서는 '기간의 정함이 없는 교육공무직원'이라고 표현되었으며, 개정되기 전 법령에서는 '무기계약직'이라는 표현으로 사용되었다. 표현의 통일이 필요해 보인다. 어쨌든, 이 정규직이라는 표현을 공무원과 같은 것으로 혼동했을 수는 있다. 위에서 말했다시피, 정규직이라고 해서 꼭 공무원인 것은 아니다.

또 하나는, 과거 유은혜 장관이 국회의원이던 2016년 11월 28일 '교육공무직원의 채용 및 처우에 관한 법률안'을 발의한 내용을 혼동했을 수 있다. 당시 법안 부칙 제2조 제4항에는 '교사 자격을 갖춘 직원은 교사로 채용하도록 노력해야 한다'는 내용이 있었다. 이는 당시에도 많은 논란이 있어 21일 만에 철회된 법안이다. 여하튼, 위 국민청원은 교사들의 뜨거운 지지에도 불구하고 곧 잘못된 사실에 근거한 청원임이 밝혀져 현재는 청원이 중단된 상태다.

위 청원에 교사들이 발끈하며 분노한 이유는 알겠다. 과거 유은혜 장관의 법안 발의는 공무직 혹은 기간제 근로자의 공무원 전환을 의심케 하기에 충분했다. 게다가 예전보다 공무직의 처우가 상당히 개선됐다고 생각이 드는데도 불구하고, 끊임없이 처우 개선을 요구하는 공무직 노조가 공무원 전환을 요구했고, 그것이 결국 '친 공무직' 성향인 이번 정부에 의해 받아들여졌다고 판단할 만도 하다. 그러나 그럼에도 우리의 태도는 과연 온당했는가.

일단, 그들이 그 전에라도 공무원이 되게 해달라고 요구한 적이 있었을까? 공무원 급여 대비 몇 프로까지 올려달라거나 무슨 수당을 우리도 포함해 달라거나 하는 등 계속해서 처우 개선을 요구하기는 했으나 공무원으로 전환해 달라는 주장을 한 적은 내가 알기론 없었다. 물론 2017년 기간제 교사의 정규직 전환에 대한 논란이 있었고, 기간제 교사의 정규직 전환은 공무원과 크게 다를 바 없다는 점에서 달리 볼 측면이 있겠지만, 우리가 생각하는 일반적인 공무직의 처우 개선 문제와는 조금 다르므로 논외로 하자.

10만이 넘는 교사들이 공무직이 공무원 된다는 소식에 사실 확인도 하지 않고 무조건적으로 동의하고 관련 링크를 퍼 날랐다. 이성보다 감정이 앞섰다. 잘못된 정보에 기대어 공무직을 욕하고 그들의 노조를 욕했다. (물론 정부와 유은혜 교육부 장관도 같이 욕했다.) 적어도 이 사안에 있어서 교사들은 경솔했다.

교육공무직 급여, 공무원보다 많은가

아마 가장 논란이 많은 부분이 아닐까 싶다. 처우 개선의 가장 중요한 부분이 급여이고, 그 급여가 공무원인 우리보다 많거나

거침없이 교육

같다고 한다면, 그걸 받아들일 사람은 많지 않기 때문이다. 사실 여부부터 확인해 보자. 과거 학교비정규직, 학교회계직 등으로 불리던 그들의 급여와 관련한 처우는 열악했던 게 사실이다. 2010년 12월 24일 조영선 공공노조 학교비정규직분과장이 인터넷 언론 〈참세상〉에 기고한 글 중 일부이다.

'가장 임금이 낮은 조리종사원 직종이 근로 기준이 245일(방학 기간 쉬므로)이라는 이유로 최저임금에도 못 미치는 월 86만원 선을 받습니다. 받는 건 이게 다입니다. 수당도, 상여금도 한 푼도 없이, 1년 12달을 똑같은 급여를 받습니다. 경력인정도 없습니다. 갓 입사한 신입이나 10년을 일한 고참이나 급여가 똑같습니다. 게다가 정규직과 급여는 이렇게 다르면서 임금동결은 똑같이 4년째 하고 있습니다.'

민주노총 강원지역본부는 2007년 06월 25일 도교육청 소속 비정규직 근로자 3,796명 가운데 6개 시·군 496명을 대상으로 '근로조건 실태 설문조사'를 실시한 결과 이들의 월 임금 평균은 92만5,000원(평균 일당 3만9,000원)이며 연간 급여 지급 일수는 평균 9개월(271일) 정도였다고 한다.

노조 관련 인사의 말과, 노조의 직접 조사이므로 약간의 과소가 있다고 하더라도, 그 시절 학교회계직원들의 급여는 많아야 100만 원 남짓한 수준이었다. 각종 수당이나 상여금도 전무했으며, 몇 년을 일해도 급여가 오르지 않았다. 2007년 3월 초등학교에서 첫 기간제 교원으로 음악 전담을 했을 때 내가 받았던 급여(실수령액)가 180만 원이었던 것과 비교하면, 담임 수당과 정근 수당, 상여금 등을 추가했을 때, 그들의 급여는 교사 월급의 절반도 되지 않는 수준인 것이다.

그렇다면 지금은 어떤가. 그들은 노조를 조직했고, 노조를 정비했고, 처우 개선을 위한 꾸준한 투쟁의 결과 임금 상승은 눈에 띄게 증가했다. 앞에서 보았듯, 각종 수당들이 신설되고 상여금도 추가되었다. 주당 40시간 근무를 기본으로(시간제는 20시간) 월 기본급이 명시되어 있으며, 가족수당, 교통보조비, 근속 수당, 정액 급식비, 명절휴가비 등이 지급되고, 직종에 따라 위험수당 등도 지급되고 있다. 그들의 열악했던 처우가 개선된 건, 분명 좋은 일일 것이다. 그런데 무작정 개선되면 안 된다. 그들의 임금이 아무리 상승하더라도 피 터지게 공부해서 살벌한 경쟁률을 뚫고 들어온 우리 공무원들의 임금보다 많아지면 안 되기 때문이다. 그건 너무 억울하다. 문제의 지점은 여기다. 그들의 임금이 공무원보다 높다는 소문이 들리면서부터 문제는 시작된다. 그렇다면 그들의 임금이 공무원보다 높다는 것은, 사실일까?

'[팩트체크] 1호봉 9급 교육공무원보다 학교 1년 차 조리사가 월급 더 많아'라는 제목의 한국경제 7월 4일자 기사를 보면 마치 그것이 사실인 것처럼 보인다. '경기도의 한 초등학교에서 근무하는 교육행정직 9급 공무원 1호봉과 조리사 교육공무직원 1년차의 지난 5월 급여명세표를 비교해보면 교육공무직원 급여 총액이 201만980원으로 공무원(195만5,930원)보다 더 높다. 교육공무직 본봉은 165만7,730원으로 공무원 본봉(159만2,400원)에 비해 6만 원가량 더 많다.'

이것만 보면 9급 공무원보다 교육공무직의 급여가 더 많은 것처럼 느껴진다. 그러나 기사의 마지막을 읽어보면 그게 꼭 그렇지 않다는 것을 알 수 있다. '연 총액으로 계산하면 둘 사이의 임금은 역전된다. 공무원이 받는 정기상여금과 명절휴가비가 교육공무직에 비해 두 배가량 많기 때문이다. 호봉 상승분이 더해지는 공무원과 달리 교육공무직은 근속 수당이 1년에 3만2,500원에 불과해 장기근속 시 임금 격차는 더욱 벌어진다.' 기사를 끝까지 읽어보지 않았다면, 교육공무직의 급여가 9급 공무원보다 많다고 단정 지었을 것이다. 기사가 다소 악의적이었다.

그렇다면 연 총액으로 환산하고 근무 년차에 따른 급여 차이는 어떻게 될까? 박성식 전국교육공무직본부 정책국장이 〈프레시안〉에 기고한 '학교 영양사와 사서는 교사의 보조가 아닙니다'라는 글에서 제시한 자료(표1)에 의하면 그 차이가 확연히 보인다. 자료에 의하면 1~20년차의 급여를 평균으로 냈을 때 공무직

(유형2, 방학 중 근무자)은 9급 공무원의 75.7% 정도이다. 방학 중 비근무 공무직(유형2)과 1~30년차 평균으로 비교하게 되면, 그 비율은 60.5%까지 떨어진다. 그들이 때로 현재 '정규직의 60%대 급여'라고 주장하는 근거는 여기에 있다. (여기서의 정규직은 공무원이다. 본인들도 정규직이라는 것을 이제는 인정했으면 좋겠다.)

<표1> 2020년 3월 기준 정규직(공무원)과 비정규직(공무직) 임금비교

근무 년차	9급 공부원 연총액	유형2직종(교무실무사, 조리실무사 등)				교원 연총액	유형 1직종	
		방학중(상시) 근무자		방학중 비근무				
		연총액	비교 임금 수준	연총액	비교 임금 수준		연총액	비교 임금 수준
1	2,890	2,534	87.7%	2,045	70.8%	3,691	2,944	79.8%
6	3,396	2,744	80.8%	2,255	66.4%	4,288	3,154	73.6%
11	3,924	2,954	72.7%	2,465	60.7%	5,144	3,364	65.4%
16	4,554	3,164	69.5%	2,675	58.7%	5,959	3,574	60.0%
21	4,978	3,374	67.8%	2,885	58.0%	6,833	3,784	55.4%
26	5,307	3,374	63.6%	2,885	54.4%	7,768	3,784	48.7%
30	5,481	3,374	61.6%	2,885	52.6%	8,470	3,784	44.7%
1~20년 차 평균	3,965	2,954	75.7%	2,465	63.0%	5,144	3,364	66.9%
1~30년 차 평균	4,360	3,080	72.1%	2,591	60.5%	5,927	3,490	61.5%

거침없이 교육

그러나 이는 코에 걸면 코걸이, 귀에 걸면 귀걸이이기도 하다. 자신들의 처우 중 가장 열악한 부분만을 부각시켜 표현하는 것에 다름 아니기 때문이다. 방학 중 비근무 공무직과 9급 공무원과의 비교가 적절하지 않은 이유는, 방학 중 비근무 공무직들은 대개 약 10개월 계약을 하고 급여를 받기 때문이다. 당연히 적을 수밖에 없는 금액을 9급 공무원과 단순 비교하는 것은, 견강부회다. 방학 중 비근무 공무직들의 급여를 10개월 중 1개월 급여로 환산하면, 한 달치 월급은 그렇게 큰 차이가 없다. 차라리 10개월 계약이 문제라고 하자. 그리고 그 10개월 계약을 12개월 계약으로 늘렸을 때의 문제(실제적으로 할 일이 없는 방학 때 무엇을, 어떻게 할 것인가의 문제)를 미리 짚고, 그 대안을 내놓자. 그게 더 정직하다.

또 하나 짚어볼 것은, 교육공무직 유형 1직종의 임금을 교원(즉, 교사)의 월급과 비교한 부분이다. 그리하여 그들의 임금은 결국, 교육공무원인 교사 임금 대비 1~30년차 평균으로 봤을 때, 61.5%까지 내려간다. 왜 유형 1직종의 공무직은 교원과 비교했을까? 그건 바로 유형 1직종이 영양사, 상담사, 사서 등이기 때문이다. 그들과 대응되는 교사 직군, 즉, 영양교사, 상담교사, 사서교사 등이 있기에 교원과 비교하는 것이다. 이게 온당한 비교인가? 어쨌든 교사는 수업을 하는 직종으로서, (내심 인정하지 않는 사람이 많겠지만) 나름의 전문성을 인정받는 전문직이기에, 일반 9급

행정직보다 급여 면에서 조금 더 많은 7급 대우를 받는다. 그러나 공무직인 영양사, 상담사, 사서는 아이들을 가르치지 않는다. 즉, 교사의 대체직으로 온 것이 아니란 말이다. (영양교사, 상담교사, 사서교사와 하는 일이 굉장히 많이 겹치기에 이렇게 얘기하면 조금 억울한 면이 있다는 것도 안다. 영양교사, 상담교사, 사서교사의 수업량은 사실 그렇게 많지 않고 대부분의 일이 영양사, 상담사, 사서가 하는 일과 같기 때문이다. 그렇기에 한편으로 영양교사, 상담교사, 사서교사를 교사로 뽑아야 하는지의 논란도 있는 것인데, 너무 복잡해지니 논외로 하자.) 만약 그들이 교사 자격증을 갖추고 교사 자격으로 뽑힌 거라면 저런 비교는 타당하다. 실제, 교과 수업과 관련하여 채용된 기간제 교사는, 계약직이라는 것 외에 교육공무원인 교사와 비교하여 처우가 떨어지는 것이 거의 없다. 그러나 유형 1직종의 공무직은 그런 경우가 아니다. 교사로서 온 것이 아니란 말이다. 다소 매정하게 들릴지 모르겠지만, 교사인 내가 보기에는 자기들 유리한 대로 해석하는 측면이 있다고 생각한다.

물론 그들의 급여가 9급 공무원과 비교해서 적은 건 사실이다. 한 달 월급만 보는 것이 아니라 연 총액을 보는 것이, 첫 1년 치 총액만 보는 것이 아니라 20년 혹은 30년 치 급여액을 보는 것이 더 합리적이라는 것도 동의할 수 있다. 다만, 9급 공무원 대비 몇 프로 적은지는, 조금 더 따져 봐야 할 부분이 있다고 생각한다.

'9급 공무원 연 총액' 대비 '유형 1직종의 공무직 연 총액'은 1~30년 평균으로 계산했을 때 79.9% 수준이다. '전국학교비정규직연대'(학비연대)가 2019년 7월 파업 시 내걸었던 요구인 급여 '9급 공무원 80% 수준'은, 사실상 '유형 1직종의 공무직'에 한해서는 목표 달성에 이미 도달한 셈이다. (물론 '유형 2직종'의 경우는 72.1%로, 도달하지 못했다.) 무엇과 비교하느냐에 따라 이렇게 달라진다. 굳이 자기들에게 유리한 방향으로만 해석하지 않았으면 좋겠다. 그리고 그건 교사들에게도 똑같이 적용되는 말이다.

공무직 급여, 얼마면 서로 만족할 수 있을까

다시 정리하자면, 1~30년 평균으로 계산했을 때, 9급 공무원 연 총액 대비해서 '유형 2직종'은 72.1%(방학 중 비근무자의 문제는 잠시 논외로 하자), '유형 1직종'은 79.9% 수준이다. 적은 건 확실하다. 그것까지 부정하진 말자. 만약 교사인 교육공무원과 비교하면 훨씬 더 적은 비율이 된다. 마찬가지로 공무직 노조는, 교사의 급여와 비교하면서, 또는 방학 중 비근무자의 급여를 제시하면서, 9급 공무원 대비 60%라고 주장하는 것도 그만하자. 자기에게 유리한 것만, 혹은 상대방 비판하기 좋은 것만 취사선택하지 말자.

그렇다면, 2019년 7월 파업 당시 그들이 요구했던, 9급 공무원 대비 80% 수준이면 괜찮은 걸까? '유형 1직종'은 이미 80%에 도달했으니, '유형 2직종'만 끌어올리면 되는 걸까? '유형 1직종'과 '2직종' 사이의 급여 차이는 어떻게 생각하는가? '유형 1직종'이 여전히 많아야 한다고 생각하는가? 만약 그걸 인정한다면, '유형 2직종'이 오르면 '유형 1직종'도 같이 올라야 한다. 직종 간의 평균으로 보아야 할까? 그리고 '유형 1직종'과 '2직종' 사이의 급여 차이가 나는 것을 인정한다면 공무원과의 급여 차이가 나는 것 자체는, 인정하는 셈이 된다. 그게 논리적이다. 공무직 안에서도 직종별로 급여 차이가 나는데, 공무원하고 차이 나는 건 당연하지 않을까? 여기서 따져봐야 할 동일노동 동일임금의 문제까지(물론 나는 대개의 경우, 공무원이 공무직에 비해 중요도가 높고 책임져야 할 일들을 더 많이 하고 있다고 생각한다), 생각해 봐야 할 것들은 매우 많다.

교사들은 실감하지 못할지 모르겠지만, 교사들의 급여는 사실 그리 적은 편이 아니다. 앞에서도 보듯, 9급 공무원에 비해서도 월등히 많다. 교사들은 당연히 공무직들의 급여가 자신들의 급여보다 적어야 하는 건 물론이려니와, 일반 행정직 9급 공무원보다도 적어야 한다고 생각할 것이다. 그리고 그것이 대다수 사람들의 생각이기도 하다. 교사들은 웬만큼 공부 좀 해야 들어가는 교육대학교를 졸업했거나 교직이수를 했고, 이어 임용고시라는 경쟁 관문을 뚫고 어렵게 교육공무원이 되었다. 9급 공무원 또한 최소 10대 1 이상의 경쟁률을 뚫고 행정공무원이 되었다. 어려운 시험을 보지도 않았고 상대적으로 '쉽게' 들어왔다고 여겨지는 공무직들이, 공무원 자신들과 비슷한 수준의 처우를 받는다면, 쉬이 납득하기 어려울 것이다. 이해할 만하다. 우리나라는 미국의 영향을 받아, 능력주의에 기반한 자본주의가 작동하는 나라다. 물론 한국적 상황에 의해 능력주의는 많이 왜곡되어, 무작정한 연공서열, 지연, 학연, 혈연 등이 얽히고설켜 순수한 능력이 작동할 여지가 적긴 하다. 그러나 그 능력을 객관적으로 담보해주는 것을 많은 사람들은 '시험'이라 생각한다. 공무직의 경우 예전에는 각종 인맥을 통해 알음알음으로 일하게 된 경우가 많았다. 물론 현재는 공개 전형을 통해 채용하지만, 공무원들 입장에서는 그리 대단한 시험이라 생각하지 않는다. 능력의 차이는 엄연히 있다고 생각하며, 그 능력에 따라 다소 차별적인 대우를 받는 것이 정당하다고 생각한다. '기회의 평등'이 주어지고, 그에 따른 차별적인 보상이 제공되는 것, 그것이 '정의(justice)'라고 생각하는 것이다.

문제는 그 차별의 정도다. 그 차별의 정도를 대체 얼마만큼 해야 하는 걸까. 그 차별의 정도가 크면 클수록 좋다고 생각하는 사람은 자본주의의 한 극단에 위치한 사람일 테고, 그 차별의 정도

가 없으면 없을수록 좋다고 생각하는 사람은 사회주의의 한 극
단에 위치한 사람일 테다. 유럽에서는 트럭 운전사의 임금이 교
수와 비슷하다는 말(사실인지는 정확히 모르겠다)을 들었을 때 충격
을 살짝 받았다. 그런 사회도 가능할 수 있는 거구나. 임금의 차
이가 없거나 크지 않아도 돈에 얽매이지 않고 내가 하고 싶은 것
을 할 수 있는 그런 사회가 행복한 사회라고 믿었다. 그런데 막상
그게 내 현실이 되고 보니, 쉬운 문제가 아니었다. 교육공무직의
임금이, 나와 비슷해도 괜찮은 걸까. 그들의 임금이, 나의 임금
과 같아지는 걸 나는 정말 견딜 수 있는 걸까. 고민하는 걸 보니
힘든 게 솔직한 내 마음인가 보다. 젠장.

교육공무직의 파업할 권리에 대하여

한가한 소리 집어치우고 다시 현실로 돌아오고 싶었는데, 다
시 한가한 소리로 비칠 수 있는 말들 좀 해야겠다. 교육공무직이
파업할 때마다 나오는 말이 있다. '아이들 볼모로….' 어디서 많
이 듣던 말 아닌가. 철도노조가 파업할 때는 '시민들 발동동….',
'출퇴근길 시민 불편' 따위의 말이 언론을 통해 흘러나온다. 이런
언론 보도는 언제쯤 그만 볼 수 있을까. 노동자의 정당한 권리인
파업에 대해 우리는 언제쯤 '불편해도 괜찮다'고 말할 수 있을까.

유럽 대부분의 나라에서는 파업이 봇물 터지듯 터져 나온다.

프랑스의 경우 경찰도 노조가 있어 파업한다고 하지 않던가. 그래도 시민들은 파업에 관대하다. 유럽인들은 '나도 언제든지 파업할 수 있다'는 생각에 파업으로 인한 불편을 감수한다. 법의 테두리 안에서 벌이는 노동자들의 파업은 그들의 정당한 권리이므로 이로 인한 불편은 당연히 감수해야 한다고 생각한다. (그런 면에서 볼 때 한국의 공무원인 우리는, '언제든지 파업을 할 수' 없는 게 참 애석한 일이긴 하다.) 나와 생각이 다르다고 해서, 공무직들의 파업할 권리가 제한되어야 하는 건 아니다. 생각이 다르면, 그저 차분히, 논리적으로 비판하면 될 일이다.

우리는 또 얼마나 많은 오해로 서로에게 상처를

세상은 어렵고 복잡하다. 그냥 상투적으로 내뱉는 말이 아니다. 세상의 얼개가 너무 복잡하게 짜여 있어 잘 들여다보지 않으면 알 수 없다. 잘 들여다봤다고 생각해도 빠트리는 것, 미처 몰랐던 것들이 또 생겨버린다. 당사자가 아니면 알기 어려운 것들이 너무 많다. 심지어 당사자라도 잘 알기 어려운 것들도 많다. 위에서 제일 분량을 많이 차지해 가며 살펴봤던 공무직, 공무원의 급여 비교만 봐도, 너무 어렵다. 제대로 보지 않으면 전혀 다른 해석을 내릴 수도 있는 것이었다. (공무직의 급여가 (9급 공무원도 아니고) 교사보다 많다는 식의 잘못된 내용이 게시판, 블로그 등의 인터넷 공간 곳곳에서 흘러넘친다.)

이것저것 자료를 찾아보고 내 나름대로는 가장 정확하게 진단했다고 생각하지만, 솔직히 말하면, 나는 저 분석이 맞는지 확신이 없다. 그리고 나는, 확신을 하지 않는 태도야말로 바람직한 민주시민의 자세라고 생각한다. 확신을 하지 않는다는 건, 다른 의견과 비판에 열려 있다는 말이니깐 말이다. (비판과 다른 해석은 언제든지 환영이다.) 그러나 지금 대다수의 사람들은 자기가 보고 들은 것들에 대해 너무 확신에 차 있다. 그 확신은 오해로 이어지고, 그 오해는 서로에게 상처로 돌아온다. 상처, 그만주었으면 좋겠다. 우리가 알고 있는 그 사실, 정확하지 않을 수 있으니 확신하지 말고 한 발짝만 물러서서, 상대방 이야기에 귀 기울였으면 좋겠다. 너무 뻔한 말이지만, 가능할까?

참고

- "[에듀프레스의 눈] 교육공무직은 비정규직인가?", 한희정 서울실천교사모임 대표, 에듀프레스(edupress)(http://www.edupress.kr), 2019.07.01.

- 교육부 장관 관할 국립학교 근로자 관리규정 일부 개정령(안), 교육부

- "공무직을 공무원으로 채용?…사실 아냐", 정은수 기자, 한국교육신문, 2020.03.28.

- "학교에도 차별받는 비정규직이 있습니다", 조영선(공공노조 학교비정규직분과장), 참세상(http://www.newscham.net), 2010.12.24.

- "교육기관 비정규직 41.3% '고용불안'", 김석만 기자, 강원일보(http://www.kwnews.co.kr), 2007.06.26.

- "[팩트체크] 1호봉 9급 교육공무원보다 학교 1년차 조리사가 월급 더 많아", 박종관기자/권오신 인턴기자, 한국경제(https://www.hankyung.com), 2019.07.04.

- "[사실은] "공무직, 9급보다 더 받는데 왜 파업?" 따져보니", 박세용 기자, SBS, 2019.07.05.

- "학교 영양사와 사서는 교사의 보조가 아닙니다", 박성식 전국교육공무직본부 정책국장, 프레시안(www.pressian.com), 2020.03.20.

이관우 충남교육청노조위원장과
News1 기사를 비판한다

| 교사와 행정실은 왜 갈등하는가 ①

2020년 4월, 교사를 불쾌하게 만드는 두 개의 글이 올라왔다. 하나는 충청남도교육청노동조합이 4월 24일 배포한 〈코로나19로 국민들은 생존 위협, 교사들은 이 기회에 돈 잔치〉라는 제목의 시국 성명이고, 다른 하나는 〈"교사 일인데"···. 학교현장 교육통계 업무 떠넘기기 '잡음'〉이라는 News1의 4월 26일자 기사다. 각종 확인되지 않은 사실들과 절제되지 않은 감정들만이 성명서와 기사에 덕지덕지 붙어 있다. 그냥 그렇게 질러버리고 말면 다인가. 불필요한 갈등만 유발하고 소모적인 논쟁과 서로에 대한 비난만이 범람한다. 생산적인 논쟁은 찾아볼 수 없다. 이렇게 된

건 일차적으로 저 두 글 탓이고, 두 번째 요인으로는 우리 사회의 성숙하지 못한 토론 문화 탓이리라. 쉬이 사그라지지 않는 이 날선 감정을 가라앉히고, 조금이나마 생산적인 논의가 나오기를 바라는 마음으로 이 글을 쓴다. 이 글이 그저 소모적 논쟁에 또 하나 손을 얹는 결과가 되지 않기를 바랄 뿐이다.

이관우 충남교육청노조위원장의 독단적 노조 사용법

먼저 충남교육청노조의 글부터 보자. 이미 각 교원단체에서 반박 성명도 냈고, 이곳저곳에서 워낙 많이 반박된 글이라 굳이 나까지 또 보태고 싶지는 않았다. 그냥 틀린 내용 천지이고 악의적 비난이 전부이다. 나는 이번 성명서가 그들이 이전에 낸 다른 그 어떤 성명서보다도 심각한 문제를 안고 있다고 생각하는데, 그 이유는 단순히 이 성명서가 교사 집단을 비판해서는 아니다. 비판은 누구나 할 수 있다. 이 성명서가 나름의 사실에 기반해, 기본적으로 상대방을 존중하는 선에서 하는 비판이었다면, 이 정도로 소모적 갈등만이 전부인 상황이 만들어졌을까. 물론, 대부분의 노조 성명서들은 분야를 막론하고 한결같이 과격하고 거칠다. 나는 우리나라 노조에서 보이는 그 강성한 태도가 문제라고 생각하지만, 한국 현대사에서 언제나 약자였던 그들이 가질 수밖에 없던 하나의 불가피한 태도였음을 인정한다.

그러나 그것도 정도껏이다. 더군다나 교사 집단은 교육행정 공무원의 사용자도 아니며, 우리가 그들에게 그 어떤 큰 피해를 끼친 것도 아니다. (추가:그들 성명서의 첫 부분은 이렇게 시작한다.

"코로나19로 국민들은 생존 위협, 교사들은 이 기회에 돈 잔치

국민들은 직장마저 위협받고 생계지원금으로 연명

일반 공무원들은 연가보상비도 반납하고 헌신

교사들은 근무시간 중 돌봄교실 했다고 수당까지 받아")

교육행정직의 연가보상비가 깎인 것이 교사들 탓인가? 왜 그 비난의 화살이 갑자기 연가보상비 자체가 없는 교사에게 오는 것인가? 또, 돌봄교실은 본래 돌봄 강사가 맡아 왔지만 늘어난 긴급돌봄 아이들을 감당하지 못해 별도의 인력이 필요한 게 사실이었고, 원칙적으로는 외부에서 긴급돌봄강사를 새로 뽑는 게 맞다. 그러나 급박한 상황 속에서 새 강사를 뽑지 못하고 많은 학교에서는 교사를 투입하기 시작한다. 심지어 온라인 수업을 하고 있는 동시간에 투입한 경우도 있다. 온라인 수업이라고 반 학생들을 방치하지 않는다. 온라인 수업도 엄연한 수업이어서 자기 반 아이들을 계속 관리하고 있어야 하는데도 말이다. 그런 와중에 일부 충남교육청 학교들처럼 긴급돌봄 수당을 준 곳도 있고, 주지 않은 곳도 있는데, 주지 않은 곳이 70% 이상 된다. 교사들 대부분은 그저 본인들 수업과 업무를 내팽개치면서까지 긴급돌봄 업

무를 묵묵히 해온 것이다. 이런 와중에 나온 충남교육청노조의, 최소한의 예의도 존중도 없는 이 성명서는 대체 어떤 의미인가.

성명서는 교사들을 향해 '기가 막힌 상황'을 연출했고, '해괴한' 휴식을 악용하는 집단이며, '교원들의 민낯'이 드러났다고 말한다. '교사들은 어떻게든 이 사태에서 돈 한 푼이라도 더 챙겨보려는 기가 막힌 상황을 연출하고 있'으며 '수당을 챙기고 있는' 집단으로 몰아갔다. 그 외에 '돈 계산의 천재적 모습을 보이는 추태', '천인공노할 작태', '교육자라는 본분은 잊은 지 오래이고 그저 학교는 월급을 받고 그에 더해 당연한 일을 수당으로 벌어들이는 돈벌이 장소로 전락', '교육자라는 자', '분노가 치민다', '정말 양심도 없는 교육자 집단, 아니 돈벌이 집단이다. 꿩 먹고 알 먹고, 참 기가 찰 일이다' 등의 표현은, 충남교육청노조가 소통을 하고자 하는 의도가 일절 없음을 보여준다. 인터넷교육언론 〈에듀프레스〉와의 4월 26일자 인터뷰 기사에서 이관우 위원장은 '학교는 교육과 행정의 조합이다. 서로 비방하고 갈등하기보다 마음을 터놓고 각자의 역할에 대해 대토론회를 가졌으면 한다'고 이야기했다. 그래 놓고 같은 인터뷰 기사에서 '교사들의 잘못된 행태를 좌시할 순 없었'고 '사과할 생각도 이유도 없다'고 했다. 비방과 갈등을 먼저 시작했고 조장했던 사람이, 너무나도 지나친 자신의 발언에 대해 사과할 수도, 생각도 없다면서 마음을 터놓고 토론하자는 게 지금 말이 되는 소린가. 교사들이 정말 이 정도의 모욕적인 이야기들을 들을 만큼 잘못했는가.

여기서 드는 의문은, 과연 교육청노조분들의 일반적인 생각과 태도가 이 성명서와 같은가 하는 부분이다. 나는 그렇지 않을 것으로 생각한다. 그런 생각이 드는 이유는, 여타 교육청노조가 이렇게 과격하고 정도를 넘어선 성명서를 낸 적은 이번 말고 없었기 때문이다. 게다가 이 성명서는, 이관우 위원장 독단으로 냈을 가능성까지 추측하게끔 한다. 앞서 이야기한 〈에듀프레스〉와의 인터뷰에서, 자신이 쓴 걸 전제한 채 대답하는 경우가 많았고, 그 성명서를 발표한 걸 후회하지 않는 발언을 하고 있기 때문이다. 아닌 게 아니라, 성명서의 가장 윗부분은 '충청남도교육청노동조합'의 이름이 나와 노조 차원에서 발표한 게 맞는 것 같지만, 가장 하단부에는 '충청남도교육청노동조합 위원장 이관우'라고 나온다. 이 부분이 다른 성명서와 다른 부분이다. 보통의 노조 성명서 마지막은 단체 이름으로 나가는 경우가 대부분인데, 이번 성명서의 경우 특이하게도 위원장 본인의 이름이 나갔다. 이관우 위원장 본인이 직접 쓰고, 다른 이들과의 협의 없이 오직 위원장 또는 주변 간부 몇몇의 의지로 성명서가 나갔다는 혐의를 지울 수 없다.

그러나 내부 사정이야 모르는 일이다. 나는 사실 그렇게 믿고 싶은 것이다. 교육청노조와 교원단체와의 소소한 갈등이야 어제오늘의 일도 아니지만, 이런 식의 말도 안 되는 성명서 발표는 이전에 없었기에, 달리 생각해보기 힘들기 때문이다. 만약 이런 식의 성명서 발표에 충남교육청노조원뿐만 아니라 전국의 교육청노조원들이 별 거부감 없이 받아들이고 동의하고 있는 형국이라면, 이는 정말 큰 문제가 아닐 수 없다. 대한민국의 교육을 어쨌든 가장 근접한 거리에서 함께 짊어지고 갈 당사자들 사이에서 합리적인 대화와 소통이 불가능함을 보여주는 것에 다름 아니기 때문이다.

그러나 나는 그렇지 않을 거로 생각한다. 전국의 교육청노조가 그만큼 비상식적이라고 생각하지 않는다. 생각이 다른 건 큰 문제가 되지 않으며, 자신들의 위치에서 자신들에게 유리한 주장을 펼치는 건 민주주의 사회에서 어찌 보면 당연한 일이다. 그 사이에서 각 단체마다 나름의 합리적인 근거를 들어 주장을 펼치고 서로를 설득하며 서로의 주장을 이해하려 노력하는 것이 민주주의 사회. 그러나 저런 식의 감정 배설은, 대화와 소통 자체를 불가능하게 만든다. 이관우 노조위원장의 도를 넘은 독단적인 성명서 발표에 대해, 내부에서부터 건강한 비판이 쏟아져 나오기를 기대한다. 2014년부터 현재까지 총 3번 연임으로 재임하는 동안 그가 교육청노조활동을 해오며 기여한 부분이 적지 않고, 교육청노조에서 차지하는 위상 또한 높아 비판이 쉽지 않을 것이다. 그러나 인정할 건 인정하되, 비판할 건 비판해야 한다. 건강한 조직문화를 위하여, 전국의 교육청 노조는 그를 비판할 필요가 있다고 생각한다.

News1의 기사는 교원과 교육행정공무원을 어떻게 분열시켰나

News1의 〈"교사 일인데"…. 학교현장 교육통계 업무 떠넘기기 '잡음'〉이라는 제목의 4월 26일자 기사는, 기사의 밑바닥을 보여줌으로써 기사는 어떠해야 하는가를 역으로 생각하게 해준다.

기사는 크게 두 가지를 잘못하고 있는데, 첫 번째는 의제 선정의 부적합성이다. 기사에서는 학교 현장에서 '교육통계' 업무가 무슨 대단히 큰 논란이 되고 있는 것처럼 묘사했다. 하지만 학교에 근무하고 있는 사람은 알 것이다. '교육통계'가 논란의 중심에 선 적은 한 번도 없다는 것을. 물론 학교마다 사정은 다 달라서 일부 학교는 그런 업무를 갖고도 '네가 하네, 내가 하네' 논란이 될 수도 있겠다. 그러나 일부 학교의 문제를 무슨 전체 학교의 문제인 양 만들어버리는 것은 침소봉대다. 전통적으로 행정실과 교사의 업무상 갈등이 되어 온 것은 교육통계가 아니라, CCTV 관리, 소방안전업무, 공기청정기 관리 등이다. 이 문제는 과거에도 문제였고, 현재에도 계속 문제가 되고 있는 상황이다. 한 번 찾아보시라. 교육통계로 업무 갈등이 정말 있었는지, 무엇이 계속 문제가 되고 있었는지. 교육통계 문제가 업무 갈등의 중심에 갑자기 떠오른다는 건, 아무리 봐도 너무 뜬금없다.

이 기사를 보고 느꼈다. 기사는, 현재 상황과 무관하게 기자의 의지로 충분히 날조될 수 있다는 것을. 기자의 의지를 반영해줄 사람 세 명이면 되었다. 기사에는 수원 A중학교 행정실 직원, B초교 행정실 직원, 퇴직한 교육행정직 출신 C씨의 입을 빌어, 교육통계는 전체 학교의 문젯거리가 되었다. 그리고 어느새 교사들은 업무 떠넘기기의 화신이 되었고, 기사는 도 교육청 관계자의 말을 통해 이들을 처벌해야 한다고까지 말하고 있다. 공무원의 성실의 의무, 복종의 의무 위반으로 교사를 처분하고, 학교장까지 관리 소홀로 처분할 수 있다는 것이다. 기사가 도를 넘었다. 기자는 교사에 대해 악감정이 있는 것일까?

기사의 두 번째 잘못은, 기사 작성의 기본이라 할 수 있는 균형 보도를 아예 포기했다는 것이다. 전·현직 행정실 직원의 의견은 세 사람이나 다뤘으면서, 교사 입장은 단 한 건도 싣지 않았다. 논란이 되고 있는 문제에 대해 양쪽 의견을 들어보고 정리하는 건 기사 작성의 기본 중의 기본 아닌가? 기자의 직무유기다. 교사나 교장의 처분을 들먹일 게 아니라, 기자 본인 기사의 편파 왜곡 보도에 대해서나 성찰할 일이다.

기사에는 200여 개의 댓글이 달렸으며 교육행정직과 교사의

(여느 댓글에서나 그러하듯) 소모적인, 서로에 대한 배려 없는 비난만이 난립했다. 굳이 없어도 될 비생산적 논쟁으로 서로의 감정만 다쳤다. 당연한 얘기지만, 이런 기사는 없는 게 낫다.

교사는 학생만 가르치면 안 되는가

| 교사와 행정실은 왜 갈등하는가 ②

그렇다면 교사와 교육행정직, 즉 행정실 직원들과의 갈등은 왜 일어나는 것일까? 일차적으로는 교사와 행정실의 역할 구분이 명확하지 않은 탓이고, 부차적으로는 교직원 간 소통의 부재, 과다한 학교 업무 탓이다. 가장 중요한 것은 교사와 행정실의 역할 구분이 안 되어 있어서이니, 그 역할 구분을 명확히 하는 게 제일 먼저 선행되어야 할 터이다.

교사의 역할부터 보도록 하자. 이런 질문으로 시작해야겠다. 교사는 무엇을 하는 사람인가? 답은 간단하다. 학교에서 학생들을 가르치는 사람이다. 그런데 교사가 학교에서 학생들만 가르치지는 않는다. 학생들만 가르치는 것은 꿈만 같은 일이다. 교사는 아이들을 가르치는 것과 더불어 잡다한 행정적 업무를 함께 처리한다. 그것이 너무 당연한 것으로 여겨져 아무 업무가 없는 사람을 우리는 너무나도 부러워한다. 그런데 교사가 그런 업무를 꼭, 해야 하는가. 교사에게 그런 의무가 있을까. 결론부터 말하자면, 없다. 교사에게 가르치는 일 외에 다른 업무를 할 의무는 없다는 말이다. 좀 과하게 얘기하자면, 교사에게는 가르치는 것만이 의무이고 업무이다.

적어도 법이 그것을 뒷받침해준다. 초 · 중등교육법 제20조 제3항에는 '교사는 법령이 정하는 바에 따라 학생을 교육한다'고 되어 있다. 보시다시피, 학생을 교육하는 것만이 업무다. 그 외의 다른 업무에 대해서 법은 규정해놓지 않았다. 학생을 교육한다는 것은 보통, 학생을 가르치고, 생활지도를 하는 것을 말한다.

그렇지만 학교도 기관인 만큼 행정 일이 없을 수 없다. 그렇다면 학교 행정 일은 누가 해야 하는가? 우리가 흔히 알 듯, 행정실이 주로 한다. 초 · 중등교육법 제20조 제5항에는 '행정직원 등 직원은 법령에서 정하는 바에 따라 학교의 행정사무와 그 밖의 사무를 담당한다'고 나와 있다.

그러나 행정실만 행정 일을 하는 것은 아니다. 앞에서 교사는 업무를 하지 않는다고 했는데, 꼭 그렇지는 않다. 교사 중에도 행정 업무를 담당하는 교사를 둘 수 있다. 초·중등교육법 제19조에는 '학교에는 원활한 학교 운영을 위하여 교사 중 교무(校務)를 분담하는 보직교사를 둘 수 있다'고 명시해 놓았다. 우리가 흔히 부장교사라고 일컫는 교사들은, 공식적으로 교무 행정 업무를 수행한다.

하지만 행정 업무를 보는 사람이 이게 끝은 아니다. 누가 더 있을까? 바로 교감과 교장이다. 초·중등교육법 제20조 1항에는 '교장은 교무를 통할(統轄)하고, 소속 교직원을 지도·감독하며, 학생을 교육한다'는 교장의 역할이, 2항에는 '교감은 교장을 보좌하여 교무를 관리하고 학생을 교육하며, 교장이 부득이한 사유로 직무를 수행할 수 없을 때에는 교장의 직무를 대행한다. 다만, 교감이 없는 학교에서는 교장이 미리 지명한 교사(수석교사를 포함한다)가 교장의 직무를 대행한다'는 교감의 역할이 명시돼 있다. 교무를 통할하고 관리하는 것은 교육과 행정의 총책임자로서의 역할을 의미한다. 하지만 현실에서, 교감은 일정 정도의 행정을 분담하지만, 교장은 행정 업무를 거의 하지 않는다. 물론 교사와 직원의 행정 업무를 검토하여 최종 결재를 하고 학교의 중요한 사안에 대해 결정을 내리지만, 그 스스로 별도의 행정 업무를 도맡아 진행하는 경우는 거의 없다.

다시 돌아와서, 어쨌든 내가 보직을 맡지 않는 한, 나는 수업과 상담 지도 등의 학생 교육만 할 권리가 있다. 하지만 역시나 우리에게 다가오지는 않는 이야기이다. 정말 그렇게 할 수가 있을까? 외국에서는 어떻게 하고 있을까? 소위 '교육 선진국'이라고 일컫는 국가들에서는 그렇게 하고 있을까? 한때 열풍이 일었던 핀란드 교육을 보자.

핀란드 학교에는 일단 공문 자체가 없다. 우리나라와 크게 다른 점이다. 우리나라에서는 행정의 중심에 공문이 있고, 이 공문을 처리하고, 공문을 작성하느라 업무의 대부분을 뺏긴다. 교육청 및 타 기관에서 보내오는 공문의 수는 어마어마하다. 핀란드에서도 행정기관이 학교에 문서를 보내기는 한다. 그러나 공문이 아닌 e-mail을 통해서 전달되며 그 횟수도 많지 않다. 이메일은 지방행정기관과 학교, 교장과 교사 사이에도 일상적인 소통 도구이다. 또한, 교사가 예산을 사용하고 싶다면, 한국의 교사들처럼 예산계획서를 작성하고, 내 예산에서 얼마를 사용할 수 있는지 확인한 후, 품의를 올려 결재 받는 형식이 아니라, 필요한 비용을 교장에게 구두로 요청하면 교장이 예산 상황을 확인한 다음 사용 여부를 판단한다. 핀란드에서는 교장이 행정 실무의 중심에 서 있어 교장과 행정 지원 인력이 일을 도맡아 한다. 우리나라와는 다른 현실이다.

그렇다면 교사는 정말 학생만 가르치는가. 핀란드 교사에게도 별도의 업무 분장이 있기는 하다. 그러나 그것들은 대체로 학생 자치나 교사 전문성 신장, 교육 과정과 같은 교육 활동과 밀접하게 관련돼 있는 것들이다. 핀란드 역시 학교 업무의 특성상 업무 분장만으로 해결할 수 없는 일들이 존재할 수밖에 없다. 이들에 대해서는 교사의 직무가 아니라고 판단하므로 추가수당을 지급하는 게 원칙이다. 대체로 학교운영팀 회의 참석, ICT 관리, 도서관 관리, 음악실 관리, 학부모회 참가, 학교운영위원회 교사위원, 지원이 필요한 학생이 많은 반 등에 추가수당을 지급하고 있다. 일부가 돌봄 수당(교사의 업무는 교육이지 돌봄이 아니다)을 받았다고 거품을 물고 비난하는 우리나라의 현실과는 정반대다.

물론 핀란드의 현실은 우리나라와 달라 일률적으로 비교할 수는 없다. 핀란드는 시설 유지 보수, 청소, 급식, 방과후 교실 등을 지방정부에서 담당하고, 안전에 대해서도 학교와 교사의 책임을 필요 이상으로 강조하지 않음으로써, 관련 행정에 불필요하게 힘을 빼지 않는다.

이렇듯 핀란드를 비롯한 대부분의 교육선진국은 교사들이 행정 업무에 치중하지 않고 교육에 집중할 수 있는 여건을 마련하고 있다. 한국의 현실은 어떤가. OECD가 수행하는 '교수-학습 국제조사 연구(TALIS) 2018'에 따르면 우리나라 교사들이 인식하는 주당 평균 행정 업무 시간은 OECD 평균 대비 약 2배 높게 나타났다. 또 수업 시간 내에 행정 업무 등에 할애하는 비중도 OECD 국가와 비교해 상대적으로 높은 것으로 나타났다.

사실 수업 준비를 하지 않는다면, 행정 업무에 시간을 할애하는 게 엄청 어려운 일은 아니다. 대신 그만큼 학생 생활 지도와 수업이 허술해지는 것이다. 솔직히 말하자면, 어느 정도의 경력이 쌓이면, 수업 준비에 시간을 많이 쏟지 않아도 가르치는 건 충분히 가능하다. 그러나 잘 가르치기는 힘들다. 그냥 한 시간 별 탈 없이 지내는 정도이지, 준비가 없던 수업 시간의 경우 질은 확실히 떨어진다.

그렇다면 수업 준비 시간은 하루에 얼마 정도 필요할까? 초등학교의 경우 교사 1인당 하루 순 수업 시간이 보통 4시간 정도 된다. 담임의 경우 한 시간 한 시간이 전부 다른 과목이어서 매번 다른 과목을 준비해야 한다. 한 과목 한 시간을 준비하는 데 보통 몇 시간이나 걸릴까? 위에서 얘기했듯이, 솔직히 준비 안 하고도 가르칠 수는 있다. (나의 경우 준비 안 하고 가르치면, 항상 후회한다.) 그리고 개인마다 차이는 있을 것이다. 그러나 대충 가르치는 것을 우리가 지향하는 것이 아니라고 한다면, 한 과목 한 시간을 그래도 좀 제대로 가르치는데, 준비 시간으로 평균 한 시간은 걸린다는 게 내 생각이다. 이것은 평균일 뿐, 어떻게 가르칠지 감이 서면 10분 만에 준비가 끝날 수도 있고(사실 가르칠 내용 파악만 하는

거침없이 교육

데도 10분은 걸린다.), 좀 더 좋은 아이디어를 생각하고 자료를 찾고 만드는 데 시간이 걸리는 수업이라면, 두세 시간도 모자라다. (평균 한 시간이라는 건 나의 경우일 뿐 사람마다 다 다를 것이긴 하다. 다만 '그 쉬운 거 가르치는데 준비시간이 뭐 그리 많이 걸리냐' 같은 말은 하지 않았으면 좋겠다. 한 시간이라도 가르쳐 보고 그런 말 했으면 좋겠다.) 평균 한 시간으로 잡고 하루 4시간 수업을 했을 때, 하루 수업을 준비할 시간은 4시간 정도라는 계산이 나온다. 거기에 추가로 과제 점검, 평가 문항 채점, 학생·학부모 상담 등을 한다고 한다면, 하루는 빠듯한 정도를 넘어 모자라다. 정말 제대로 교육을 하고자 한다면, 하루 근무 시간을 온전히 교육과 관련해서만 시간을 쏟는 게 옳다.

문제는 이러한 공감대가 널리 퍼져 있지 않다는 데 있다. 교사가 기존에 하던 일을 조금이라도 다른 곳으로 이전하면, News1 기사처럼 업무 떠넘기기라는 말이 나오기 십상이다. 이해가 안 가는 바는 아니다. 학교의 행정 직원은 보통 많아야 서너 명인데, 만약 교사가 하던 업무를 모두 행정실로 이관한다면, 감당이 되겠는가. 하나둘 떠밀려 오다가 감당할 수 없는 수준이 될 거라는 두려움에 방어심리가 작동하는 건, 이해할 만하다. 그렇다면 이렇게 바꿔서 질문을 해볼 수 있겠다. 기존 행정실 행정 업무의 증가가 없다면, 교사는 수업과 상담 지도만 하는 것이 바람직하다고 생각하는가?

아마도 저 질문에 바람직하지 않다고 할 사람은 없을 것이다. 초·중등교육법에도 나와 있고, 아니, 꼭 법을 들먹이지 않더라도 교사가 어떤 일을 하는 게 가장 바람직한가를 온갖 정치적 고려 없이 순수하게 생각한다면, 교사가 다른 것 신경 쓰지 않고 수업과 학생 상담에 전념하는 게 가장 바람직한 상황이라는 건 너무도 당연한 것 아닐까? 그걸 인정한다면 교사의 수업 외 행정 업무를 줄이는 게 옳다는 큰 원칙에 모두 합의할 수 있지 않을까? (하지만, 우리나라 교사들이 뛰어난 인재라는 애기들을 하면서도, 교사에 대한 불신 또한 깊어서, '수업 준비 안 하고 노는 교사들이 속출할 것이다'라고 외칠 분들이 많을 것이다. 사람들의 인식이 자기가 교육받을 때의 교사상을 생각하기 때문이리라. 그러나 교사들은 시간이 흐르면서 많이 변화돼 왔고, 아이들을 위해 온 힘을 쏟을 교사들이 훨씬 많을 거라고 확신한다. 교사의 수업 준비 시간 확보에 대한 논의가 확산되고 현실화 된다면, 교사들은 그에 부응해 서로의 노하우와 자료를 공유하고 공부하는 문화를 지금보다도 훨씬 폭넓게 만들어갈 것이다. 온라인 개학이 발표되자 웹캠 품귀 현상이 일어나고 가격을 폭등시킨 건, 위에서 시켜서가 아니라, 이 혼란의 와중에서도 어떻게든 준비해보고자 하는 교사들의 자발적 의지에 의해서였다.)

행정 업무, 어떻게 해야 하나

교사가 교육에만 집중해야 한다는 것에 큰 틀에서 동의한다면, 지금 현재 행정실과 서로 떠넘기기의 논란에 있는 업무들도, 사실 논란의 여지는 없다. CCTV 관리 업무, 소방 훈련 업무, 강사 계약 문서 업무, 공기청정기 관리 업무, 방송 장비 관리 업무 등등은 교사의 손에서 떠나야 옳다. 그럼 이 업무들이 교사의 손에서 떠나면 어디로 가야 하느냐의 문제가 남고, 그게 가장 예민한 문제다. 이게 또 업무 떠넘기기로 비춰지겠지만, 현재로선 이 업무들을 맡기에 가장 적합한 곳은 행정실이다. 초·중등교육법 제20조 제5항에 '행정직원 등 직원은 법령에서 정하는 바에 따라 학교의 행정사무와 그 밖의 사무를 담당한다'고 나와 있는 바, 행정실은 학교 회계와 학교 시설 관리 및 교육과 직접적인 관련이 없는 행정 사무를 담당하는 게 적절하다 할 수 있다.

지금 당장이 아니어도 좋다. 교사가 행정 업무를 하지 않고 교육에만 집중할 수 있는 시기가 말이다. 물론 되도록 빠른 시기였으면 좋겠다. 그러나 앞당기려고 민주적 소통 과정은 생략한 채 억지로 하지는 않았으면 좋겠다. 그 일들을 실제적으로 하게 될 가능성이 많은 행정직들을 배제하거나 협의 없이 진행해서는 안 될 일이다.

하지만 교육청노조도 '업무 떠넘기기'라는 말을 너무 쉽게 방패막이로 사용하는 일도 자제해야 한다고 생각한다. 그리고 위에 열거한 CCTV 관리 업무, 소방 훈련 업무, 강사 계약 문서 업무, 공기청정기 관리 업무, 방송 장비 관리 업무 등등이 본인들의 업무에 해당한다는 것도 인정할 필요가 있다. 교육청노조는 도무지 그것들이 자신들의 업무에 더 가깝다는 것을 인정하려 들지 않으며, 업무 거부에 대한 합리적인 이유도 딱히 제시하지 않는 경우가 많다.

아주 대표적인 것 중 하나가 CCTV 관리 업무인데, CCTV가 안전과 관련 있다 하여 안전교육을 담당하는 교사에게 업무가 배정되는 경우가 꽤 있다. 하지만 CCTV는 누가 보더라도 안전 관련 '시설'이다. '안전'이라는 말이 들어갔다고 해서 그걸 모두 안전 교육 담당 교사에게 배정한다는 건 합리적이지 않다. 안전 '교육'과 안전 '시설 관리'는 비교적 명확히 구분할 수 있는 부분이다. CCTV 관리는 당연히 '시설 관리'에 들어가며, 행정실에서 맡는 것이 직무 특성상 적합하다. 그러나 교육청 노조는 별다른 이유 없이 CCTV 관리 업무를 거부했다. '전국시도교육청공무원 노동조합' 홈페이지의 뉴스 소식−본부 소식 2015년 4월 8일자 '교내 CCTV 운영 관련 교육부 항의방문'이라는 자체 기사 글에는, 다음과 같은 내용이 있다.

교육부 학교생활문화과는 지난 3월 20일 각 시도교육청으로 공문을 보내 교육(행정)기관에서 설치 및 운영 중인 영상정보처리기기(CCTV) 현황 등을 조사하여 종합지원시스템에 등록하도록 시달했다. 문제는 「공공기관 CCTV 설치·운영 현황 조사 계획」에서 학교의 개인영상정보 보호책임자와 담당자를 '시·도교육청은 3급(상당) 이상 공무원, 각급 학교는 해당 학교의 행정사무를 총괄하는 사람 중 지정(개인정보 보호책임자:영 제32조)'토록 한 것이다. 교육청노조의 시정요구에 대해 학생생활문화과 이창훈 사무관과 장명헌 주무관은 노조의 입장을 고려해 동 공문내용을 다시 정리·해석해서 시달하겠다고 밝혔다.

기사의 내용 어디를 봐도, 교육부 학교생활문화과가 학교의 개인영상정보 보호책임자와 담당자를 '학교의 행정사무를 총괄하는 사람 중 지정'토록 한 게 왜 문제인지를 밝힌 부분이 없다. 그저 우리의 항의로 교육부에서 다시 생각해보겠다는 답변을 얻어냈다는 게 전부이다. 정말로 듣고 싶다. 대체 그게 왜 문제인가?

물론 나름의 근거를 들어 거부하는 경우도 있다. 이미 10년도 더 전부터 문제가 돼 왔던 보건교사의 '학교환경위생관리' 업무이다. 학교 보건교사와 행정실 사이에는 치열한 업무 다툼이 있어 왔던 것이다. 이에 대해서는 학교보건법과 학교보건법시행령에 대한 전교조와 교육청노조의 해석상 이견이 있어 왔고, 그 해석에 따라 업무 배정이 왔다 갔다 하는 것이다. 간단히 설명하자면, 시행령의 상위법인 학교보건법에서는 보건교사의 '교육적 역할'에 대해 명시하고 있는 반면, 학교보건법시행령에는 보건교사의 '직무' 위주의 세부적 역할 12개가 쭉 나열되어 있다. 하위법인 시행령에서 나열하고 있는 '직무'는 때로 상위법인 학교보건법의 '교육적 역할'에서 어긋나 있는 경우가 있다. 그 직무 12개 중 '나. 학교 환경위생의 유지·관리 및 개선에 관한 사항'에 대한 해석이 문제인 것이다. 이 조항을 들어 교육청노조는 보건교사가 냉난방기의 설치나 필터 관리, 저수조 청소, 정수기 관리, 석면, 공기 질 관리, 최근의 공기청정기 관리 등의 업무까지 해야 한다고 주장하는 것이다.

그렇게 해석하려면 그렇게 해석할 수도 있겠다. 그런데 나는 아무래도 좀 과도해 보인다. 학교보건법시행령 자체가 30여 년 동안 그대로였고 현실을 반영하지 못해 개정 혹은 폐기가 시급하다고 보는 시각도 존재하는데, 그런 시각이 아니더라도, 그냥 저 조항 하나로 보건교사가 환경 위생 '시설'에 대한 유지·관리까지 모두 해야 하는지는 의문이다. 학교 환경 위생의 전반적인 관리를 보건교사가 하되, 환경 위생 시설 관리는 행정실에서 하고, 서로 업무 협조를 하는 게 자연스러운 업무 흐름이 아닐까?

모든 건 행정실로?

결국, 모든 걸 행정실로 옮기자는 것이다. 이건 업무 정상화이며, 본래의 업무를 제자리로 돌려놓는 것일 뿐이다. 이렇게 얘기하면 행정실은 받아들이기 힘들 것이다. 교사인 내 입장에서야 '업무 정상화'지만, 그들 입장에서는 '업무 떠넘기기'에 다름 아닐 것이다. 행정실 직원은 많아야 서넛이다. 기존에 하던 일들도 그렇게 쉽지 않은데, 거기에 더해 이곳저곳에서, 그것도 우리가 맡지 않았던 업무들이 쏟아진다면, 감당하지 못하는 수준까지 올 수도 있다. 혹자들은 현재의 행정실 인력만으로도 충분히 그런 시설 관리 및 기타 행정 사무를 처리할 수 있다고도 말하지만, 그들의 입장에서 해보지 않은 바에야 함부로 얘기할 수 있는 부분은 아니다.

하지만 행정실 측에서도 이를 단순히 '업무 떠넘기기'로 치부해 버리지는 않았으면 좋겠다. 감정적 대응을 넘어 잠시 이성적으로 바라보면 이것이 '가르침'을 본연으로 하는 교사의 업무가 아님은 분명하다. 결코 교사가 더 우월한 일을 한다거나 하는 얘기가 아니다. 서로가 할 일은 그저 다르다는 얘기를 하고 싶을 뿐이다. 다만 행정실에서는 단순히 업무가 넘어온다고 하여 무조건적으로 거부하지 말고, 냉정하게 감당할 수 있는 수준인지 아닌지를 판단하는 작업부터 해야 한다고 생각한다. 감당할 수 있는지의 여부를 확인 후, 그 양이 너무 많다고 생각된다면, 이제부턴 교육공동체가 함께 머리를 맞대 어떻게 해결할 것인지를 생각하는 게 바람직하다. 어느 측이고 간에 비난부터 시작하는 우리의 현실을 생각하면 요원한 일이지만 말이다. 그럼 대략적으로 어떤 방안들이 있을까?

첫째, 행정 직원의 충원이다. 예산 등의 이유로 쉽지 않아 보인다. 그러나 꾸준히 요구할 필요가 있다. 교사를 향해서가 아니라 교육부나 교육청을 향해서 말이다. 그리고 교사 또한 나 몰라라 하지 말고 교육부나 교육청을 향해 함께 요구하며 연대해야 한다. 교사 자신의 교육권을 위해서라도 말이다.

둘째, 교육청 차원에서 시설 관리의 경우 직접 외부 업체와 일괄 계약하고 관리하는 방식이다. 이미 세종, 전북, 충남, 광주, 인천 등의 시도에서는 공기 질 측정, 수질 검사, 저수조 관리, 학교 방역 등의 업무들을 그렇게 하고 있는 중이다.

셋째, 교장과 교감, 보직 교사들의 행정 지원이다. 그런데 보직 교사들의 지원은 한계가 있어 보인다. 그리고 한계가 있어야 한다. 보직 교사들도 수업을 안 하는 게 아니다. 교사인 정체성을 유지한 채 일을 하는 보직 교사들이 하는 행정 업무들은, 교육과 관련된 행정 업무에 한하는 게 옳다. 사실 교사가 하는 행정 업무들 중 대부분은 어쨌든 교사가 처리해야만 하는, 교육과 관련된(교육의 외피를 쓰고 들어온) 것들이다. 교사에게 더 문제가 되는 것은 교육 관련 행정 업무의 범람이다. (방과후나 돌봄 같이 법적으로도 근거가 없거나 교육의 영역이 아닌 것도 포함돼 있다.) 그것들을 간소화하고, 위에서 내려 보내는 정책 사업들을 줄이는 게 더 시급하다. 여하튼 보직 교사들은 그런 교육 관련 행정 업무에 치중할 필요가 있다. 그럼 남은 건, 교장과 교감이다. 교장과 교감의 행정 참여가 시급하다. 그런데, 학교마다 다르겠지만, 교감은 충분히 참여하고 있는 것 같다. 교장의 행정 참여가 시급하다.

갈등을 넘어

내 글은 '교사의 시선'이라는 한계가 있다. 행정실의 실상을 속속들이 알지는 못한다. 그러나 이해해보려고 되도 않는 노력을 해가며 썼다. 그리고 교사의 실상을 조금이라도 알아봐줬으면 하는 마음으로도 썼다. 서로가 서로의 실상을 모르는 건 피차 마찬가지일 터이니. 이제 '행정실의 시선'을, '행정실의 실상'을 보고 싶다. 단, 그 시선이 비난과 갈등을 넘어 서로를 이해해보려는 시선이었으면 좋겠다. 이 글이 부디 또 다른 소모적 비난과 갈등을 만들어내지 않기를.

교사가 이태원을
간 것이 죄인가

2020년 5월, 용인 66번 확진자의 이태원 클럽 방문으로 전국이 들썩였다. 그로 인해 가장 피해를 입은 건, 당연히 코로나에 감염된 확진자들이겠지만, 낙인과 혐오의 관점에서 본다면 성소수자와 교사들이다. 물론 교사들의 피해야 성소수자들에 비하면 미미하지만, 먹지 않아도 될 욕을 먹고 있다. 여지없이 불필요한 오해와 비난이 판을 쳤다.

성소수자 혐오

인터넷 신문이나 종이 신문을 굳이 열심히 찾아보지 않는 나는, 이태원 클럽 코로나 사건을 방송 뉴스로만 흘러가듯 들었다. 옆에서 누군가 얘기해주기 전까지는 그 클럽이 '게이' 클럽이라는 것을 나는 알지 못했다. 적어도 내가 들었던 공중파 방송 뉴스들은 그저 '이태원 클럽'이라고만 했지, '게이' 클럽이라는 사족을 달지 않았다. 나는 언론 보도 문화가 꽤 성숙해졌구나, 하고 '착각'을 했다. 웬걸, 조금만 찾아보니 인터넷 언론들(여기에는 종이 신문을 발행하는 언론들과 종편들도 포함된다)은 난리도 아니었다. 이에 대한 첫 보도를 한 국민일보의 기사 〈[단독] 이태원 게이클럽에 코로나19 확진자 다녀갔다〉(이후 제목 중 '게이클럽'을 '유명 클럽'으로 바꾸었다)를 시작으로 한국경제, News1, 매일경제, 이데일리, 아주경제 등의 언론사는 기사의 제목에 '게이클럽'을 부각시켰다. 뿐만 아니라, '게이클럽'과 블랙 수면방에 대한 불필요한 정보와 혐오를 조장하는 내용, 인터뷰, 네티즌 반응 등을 기사화한 언론사도 적지 않다. '게이는 사회악', '성소수자 ㄴㄴ 게이새끼들 다 총살시켜야 함' 등의 네티즌 댓글 등은 더없이 폭력적이었다.

그럼 밀접 접촉이 심한 그 이태원 '게이' 클럽에 간 성소수자들이 아무 잘못도 없다는 말인가? 그렇지 않다. 그들은 잘못했다. 그러나 더 생각해봐야 할 지점들이 있다. 뉴스앤조이의 구권효 편집국장이 5월 12일에 쓴 〈[편집국에서] '국민일보'에도 좋은 기자가 있을 텐데〉라는 칼럼의 내용에, 전적으로 동의한다.

'사회적 거리 두기를 무시하고 클럽에 간 사람들을 옹호할 생각은 없다. 의료진과 방역 당국, 대다수 시민이 노력해 이룬 성과에 구멍을 낸 행동은 비판받아 마땅하다. 그럼에도 지난 주말 이태원을 제외한 유흥가 클럽은 또다시 장사진을 이뤘다고 한다. 지자체의 더욱 강력한 조치가 필요하다.

(그러나) 확진자의 성적 지향을 향한 비난은 마땅하지 않다. 코로나19가 확산한 원인은 밀집된 공간에서 방역 수칙을 지키지 않았기 때문이지, 그 사람들의 성적 지향 때문이 아니다. 동성애자가 자주 드나드는 클럽에서 확진자가 나왔기 때문에 동성애를 욕할 것이라면, 이성애자가 자주 드나드는 클럽에서 확진자가 나온다면 이성애를 욕할 것인가.'

아닌 게 아니라, 비슷한 시기 다른 '이성애자' 클럽은 달랐을까. 〈[인턴이 가봤다] 코로나 사태에도 클럽은 매진 "2시간씩 대기해야 입장"〉 제목의 3월 2일자 한국일보 기사, 〈"면역력 강한데 어때"…마스크 안 쓴 200여 명 클럽서 밀착 댄스〉 제목의 3월 15일자 매일경제 기사, 〈1m마다 테이프 붙여 춤추던 클럽…딱 걸리자 "살게는 해달라"〉 제목의 4월 25일자 중앙일보 기사를 보면 이태원, 강남, 홍대 인근의 일반 클럽들 모두 당장에 코로나 확진자가 나와도 이상할 게 없는 상황이었다. 게다가 몇몇 클럽들은 이태원 클럽 사건 이후에도 여지없이 문전성시를 이룬다는 내용

거침없이 교육

의 기사들도 보인다. 다시 말하지만, 용인 66번 확진자를 비롯, 사회적 거리 두기를 무시한 채 이태원 해당 클럽을 방문한 사람들을 옹호할 생각은 없다. 그러나 그 사람들이 게이라는 이유로 불필요한 비난을 받는 것에 대해서는 동의할 수 없다.

교사 혐오를 부추기는 기사들

성소수자 혐오와 마찬가지로, 교사 혐오를 부추기는 악의적 기사들이 있다. 어떻게 이런 함량 미달인 기사들이 있을까 싶을 정도. 하나씩 짚어보고자 한다. 먼저 〈온라인수업 와중에…. 이태원서 즐긴 초등교사들 코로나 검사 잇따라〉라는 제목의 5월 12일자 News1의 기사다. (이 News1이라는 언론사는, 이전에 〈"교사 일인데"…학교현장 교육통계 업무 떠넘기기 '잡음'〉이라는 제목의 기사를 쓰기도 했는데, 편파·왜곡기사로 교사와 행정실 간 불필요한 갈등을 유발하기도 했다. 〈이관우 충남교육청노조위원장과 News1 기사를 비판한다〉라는 글을 참고해주시라.)

제목 중 '온라인수업 와중에'라는 문구는, 마치 온라인 수업을 하는 근무 시간에 일어난 일인 것처럼 읽힐 소지가 있다. 하지만 내용을 보니 그런 내용은 하나도 없고, 그저 온라인 수업을 실시하는 시기라는 뜻일 뿐이다. "맞벌이 학부모 자녀 수업·과제 돌보랴 이중고인데…. '명암 대비'"라는 소제목은, 교사들은 온라인 수업 중에 아무것도 안 하는 것 같은 인식을 깔고 있다. 분명히 말하지만, 온라인 수업이 오프라인 수업에 비해 결코 쉽지만은 않다. 게다가 초반, 한 번도 해보지 않은 온라인 수업에 대해 알아가고 틀을 잡아가는 시기를 생각하면, 누구도 함부로 얘기할 수 없는 부분이다. 다만, 학부모들 또한 힘들다는 것은 안다. 그런데 학부모들이 힘들다고 해서 그게 모두 교사 탓인 것도 아니고, 교사가 안 힘든 것도 아니며, 그냥 학부모의 힘듦과 교사의 힘듦은 별개의 영역이다.

이번에는 제목 중 '이태원서 즐긴 초등교사들'이라는 부분이다. 기사 내용 중 '일부 현직교사들은 이태원 등 밤거리에서 유흥을 즐기고 있어 황당함을 준다는 지적'이라는 내용도 마찬가지다. 대체 교사들이 이태원 어디서 유흥을 즐겼다는 것일까? 이 제목과 표현으로 봤을 때 교사들이 이태원 해당 '클럽'에 방문한 듯한 느낌을 지울 수 없다. 그러나 기사의 내용 어디를 봐도 교사가 '클럽'을 갔다는 내용이 없다. 다만 기사에는 '초등학교 교사들 중에는 이태원 일대 실내포차, 와인바 등을 방문하기도 한 것으로' 전할 뿐이다. '실내포차'와 '와인바'를 간 것이 '밤거리에서 유흥을 즐긴 것이라 볼 수 있는 것인가? 그리고 이태원 일대를 방문한 교사가 대체 얼마나 되며, 그 대부분이 방문한 곳이 어디인지 파악은 하고 쓴 것일까? 기사는, "경기도교육청 관계자는 '어제(11일)부터 전수조사에 나섰기 때문에 몇 명의 교원들이 이태원을 방문했는 지는 정확히 집계되진 않는다'고 말했다"라고 적고 있다. 이 기자 는 경기도교육청 자료에만 기대어 서술하고 있는데, 적어도 기 자가 이 기사를 쓴 시점에서는, 관계 당국이 정확한 집계를 하지 도 않은 상황이다. 기자는 대체 어디서 어떤 자료를 가지고 와서 이런 되도 않는 기사를 쓰는 걸까?

그럼에도 여기서 한 번 짚고 넘어가자. 이태원 '클럽'을 방문한 것과 이태원 '일대'를 방문한 것은 같은 것인가? 당연히 다름에도 많은 언론들이 그 두 개를 별도로 구별하지 않고 교사를 공격하 는 용도로 마구 섞어 쓰고 있다. 이태원 '클럽'만큼은 아니지만, 이태원 '일대'도 밀접 접촉이 이루어지는 곳 아니냐고? 맞는 말이 긴 하다. 안 가면 더 좋았을 곳이긴 하다. 그러나 이태원 '일대'는 그냥 누구나 갈 수 있는 평범한 장소이기도 하다. 각종 '맛집'과 이색적인 장소가 많아 약속 장소로 많이 잡는 곳이다. 그런 장소 를 연휴 기간에 방문한 것 자체가 그리 큰 잘못이 되는 것인가? 이 당시의 분위기를 정말 모르는가? 그리고 이 당시 이태원뿐만 아니라 다른 수많은 곳에서는 이미 관광객이 미어터졌다는 걸 정 말 모르는가? 제주도는 연휴 기간에 20만 명이 넘게 방문했다.

4월 29일은 72일 만에 국내 감염이 '0'명이었다. (해외 유입은 있었다.) 이후에도 국내 감염은 0명~1명 수준을 유지했고, 사람들은 너도나도 나들이에 나섰다. 정부는 여행을 가더라도 방역 수칙을 지켜달라고 당부하는 것 외에 적극적으로 사람들의 외출을 자제시키지는 않았다. 3일에는 중대본 회의를 거쳐, 6일부터 실시하는 '생활 방역'으로의 이행을 결정했다. 평상시 사회적 거리 두기를 충실히 지키던 사람들도, 그동안의 피로감에 지쳐 방구석을 뛰쳐나온 것이다.

다시 말하지만, 이태원 일대를 교사들이 방문 안 했으면 더 좋을 뻔했다. 그러나 이번 황금연휴 기간에는, 교사들뿐만 아니라 대부분의 사람들이 어디로든 나갔고, 많은 장소는 이태원 일대 이상으로 붐볐다. 정부에서도, 코로나 방역을 성공적으로 수행한 것에 대해 자축하는 분위기였다. 혹여 교사들이 경솔한 부분이 있었다면, 그 시기 관광을 나간 대부분의 사람들 또한 경솔했다. 이태원 일대를 나간 교사들이 욕을 먹어야 한다면, 이태원 일대만큼 붐빈 장소를 방문한 모든 사람들 또한 욕먹어야 형평에 맞다. 그러나 교사를 욕하는 사람들은, 자신들과 다른 사람들은 마치 사회적 거리를 충실히 지킨 것처럼 유체이탈 화법을 구사한다.

그런데 교사들이 정말 이태원 일대를 엄청나게 방문했으면 억울하지도 않다. 실제로 그럴까? 위의 News1 기사는 교사가 얼마나 많이 방문했는지 알지도 못한 채 썼다는 점에서, 제대로 된 기사라고 할 수 없다. 그러나 모든 기사가 그렇지는 않다. 각 시도 교육청은 12일경 학교 포함 모든 교육청 산하 기관에 4월 29일 부터 5월 6일까지 이태원, 신촌, 논현동 일대를 방문한 교직원들을 대상으로 조사를 했다. 많은 시도 교육청이 조사 결과를 발표했고, 그 결과를 바탕으로 또 수많은 기사들이 나왔다. 그러나 그런 나름의 객관적인 사실이 있음에도 불구하고 그 사실을 비틀고 왜곡하고 과장된 표현을 쓰는 기사들 또한 무더기로 나왔다. 그 중에 하나가 〈"생활속 거리 두기가 뭐죠?"… 낮과 밤이 다른 선생님〉라는 제목의 5월 13일자 MoneyS의 기사다. (이 기사는 이후 '선생님' 부분을 '강사'로 제목을 고쳤다. 그러나 기사 내용 안에 소제목으로 있는 '낮과 밤이 다른 선생님' 부분은 여전했다.)

기사의 처음 부분은 이태원 클럽을 방문한 학원 강사 A씨가 8명을 감염시켰다는 내용이고 기사의 뒷부분이 교사 관련 부분이다. 소제목은 '낮과 밤이 다른 선생님… 서울시만 158명'이다. 일단 제목 자체가 악의적이다. 낮과 밤이 다르다니. 교사를 이중인격자로 만들고 있다. 그런 이중인격 선생님이 서울시가 158명이라고 하는 것인데, 158명이 뭘 어쨌기에 낮과 밤이 다르다는 걸까? 많은 사람들이 아마 이태원 클럽을 방문했을 것으로 생각할 것이다. 그러나 그럴까? 아니다. 해당 지역 유흥시설을 방문한 이는 14명일 뿐(그마저도 6명은 원어민 보조교사고, 교직원은 8명이며,

이중 순수 교원, 즉 교사는 또 8명 이하다), 나머지 144명은 그저 이 태원, 신촌, 논현동 일대 등을 방문한 사람들일 뿐이다. 게다가 이 사람들이 모두 단일 성격의 교사 집단이 아니다. 이 숫자에는 원어민 보조교사, 교사 · 공무직 · 자원봉사자 · 교육청 및 교육 지원청 직원 등이 모두 섞인 숫자다. 원어민 보조교사는 53명이, 교사 · 공무직 · 자원봉사자 · 교육청 및 교육지원청 직원 등 교 직원은 105명이 해당 지역을 방문했다고 한다. 그럼, 원어민 보 조교사 및 다른 직원들을 제외하고 순수하게 '선생님'이라고 불 릴 수 있는 교사들은 몇 명이 방문한 것일까? 애석하게도, 알 수 가 없다. 정말인가? 정말이다. 해당 교육청에서 그렇게 세세하 게 구분하여 자료를 배포하지 않았다. 대부분은 클럽도 가지 않 았고, 그 일대를 방문한 교사 수도 정확히 알 수 없는데, 기사는 대체 무엇을 근거로 '낮과 밤이 다른 선생님'이라고 한 것일까.

그래 놓고서는 "'생활 속 거리 두기' 기간 교직원들의 유흥업소 방문 사실이 전해지면서 학부모와 누리꾼들은 분노했다. 학생을 가르치는 교육자가 모범을 보이지 못할망정 정부 권고를 어기고 유흥생활을 즐겼기 때문"이라며 누리꾼들의 입에 담지 못할 댓 글들을 소개했다. 한숨만 나온다.

시도 교육청 발표와 관련하여 한숨만 나오는 기사는 이 밖에도 많다. 〈"이태원 클럽 간 선생님들 자진 신고하세요" 교육청, 긴급 공문〉이라는 제목의 5월 12일자 서울신문은, 교사가 무슨 큰 죄나 지은 것처럼 단정하고 자수하라는 식으로 제목을 뽑았다. 〈서울 교직원 158명 황금연휴 이태원 방문…유흥시설 방문자 모두 음성〉이라는 제목의 5월 13일자 이데일리 기사, 〈[속보] 서울 교직원 158명, 황금연휴 때 이태원 일대 방문했다〉라는 제목의 5월 13일자 헤럴드경제 기사, 〈등교 코앞인데…원어민 교사·교직원, 이태원 일대 방문〉이라는 제목의 5월 13일자 채널A 기사, 〈학부모 "불안해 학교 못 보내"…이태원 방문 교직원에 불안감〉이라는 제목의 5월 14일자 News1 기사는 여지없이 교사가 이태원을 방문한 게 무슨 큰 잘못인 것인 마냥 기사를 썼다. 더군다나 앞에서 보았듯, 교육청 자료에서는 순수 교사가 이태원을 몇 명이나 방문했는지 알 수도 없는데 말이다.

교육부의 발표, 또다시 수백 개의 기사에는

5월 14일, 각 시도 교육청의 조사를 이제 교육부가 수합하여 발표했다. 발표가 날 때마다 또 수백 개의 기사가 쏟아진다. 〈이태원 방문 교직원 전국 880명…"클럽 방문 40명 음성·1명 검사 중"(종합)〉이라는 5월 14일자 NEWSIS의 기사 제목은 차라리 양호한 편이다. 적어도 클럽 방문자의 숫자를 따로 명시했으니 말이다. 그러나 마치 순수 교사 880명이(여기에는 교사 외 '직원'의 숫자도 포함되는데, 보통 사람들은 '교직원'이라고 하면 '교사'를 떠올린다는 점에서 문제가 생긴다) 못 갈 데라도 간 것처럼 느껴진다는 점에서, 〈[현장영상] 교육부, 이태원 방문 교사·학원 강사 조사 결과 발표〉라는 제목의 5월 14일자 YTN 기사가 가장 중립적이다. 〈이태원 찾은 원어민 교사·교직원 수백 명?···방역 당국 "전수검사 쉽지 않아"〉라는 제목의 5월 13일 자 News1의 기사, 〈[종합] 이태원 있던 교직원 880명이라니···교육계 발칵〉이라는 제목의 5월 14일자 한국경제 기사와 비교해 보면 쉽게 알 수 있다.

일단 교육부의 발표를 분석해 보자. 조사 기간은 4월 24일부터 5월 6일까지의 연휴 기간으로(보통 교육청 조사는 4월 29일부터였는데, 이상하게도 교육청 자료를 수합했다는 교육부의 자료는 24일부터다), 이태원 '클럽' 방문자 숫자는 800여 명이 아니다. 41명이다. 세부적으로는 원어민 보조교사 34명, 교직원 7명이다. 그렇다. 교직원은 7명뿐이다. 여기서 또 봐야 할 것이 '교직원'이라는 명칭이다. '교직원'은 '교원(교사)'과 '직원'(교육청 및 학교 행정직원, 공무직을 모두 포함한다)을 합한 말이다. 즉 순수 교사는 7명 미만일 가능성이 크다는 말이다.

다음은 이태원 지역 방문 숫자이다. 보통 뉴스 기사에서 가장 많이 제목으로 뽑는 숫자, 880명이 이태원 지역을 방문했다. 하지만 여기서도 원어민 보조교사가 366명, 교직원이 514명이다.

역시나 교원, 즉 교사는 514명 미만이며, 정확한 숫자는 알 수가 없다. 알 수 없는 숫자지만, 교직원은 곧 교원으로 인식되어 교사는 엄청나게 두들겨 맞는다. 게다가 점심 저녁 약속과 같은 단순 이태원 방문일 가능성이 큰데도 말이다.

교육부 발표를 두고는 여러 가지 생각이 든다. 왜 교원과 직원은 따로 구분해서 발표하지 않아 교사만 더 큰 욕을 먹게 하는 걸까. 교직원을 같이 묶은 데는 무슨 이유가 있는 걸까. 개학을 앞두고서 교육 관련 종사자들에 대한 이태원 방문 조사는 타당하다고 생각하면서도, 어떤 다른 직군도 이렇게 광범위하며 체계적인 조사를 한 후 그 결과를 세세하게 발표하는 경우는 없다는 점에서, 무언가 억울하다는 생각도 솔직히 든다. 전체 교직원 중 이태원 클럽 방문자는 7명이고 실제 교원의 경우 그보다도 아래일 텐데, 무슨 몇백 명이나 되는 것처럼 오해받는 것도 억울하다. 먹지 않아도 되는 욕을 먹는 건, 아무래도 싫다.

다른 이들의 억울함은 없을까

이런 오해들은, 당사자가 아니면 사실 알기 어렵다. 내 일이 아니면 대충 보기도 하거니와, 관련 종사자가 아니면 그 내용을 세세히 알지도 못하기 때문에, 하나씩 따져 읽기는 쉽지 않다. 그저 기사에서 정한 프레임에 갇혀 읽기 마련이다. 게다가 이 바쁘고 복잡한 세상에서, 상대방의 입장이 되어 생각해 보는 게 어디 쉬운 일인가.

그럼에도 이렇게 오해를 받고, 억울해하고, 화가 나보니, 다른 이들의 처지도 생각해 봐야겠다는 생각이 들었다. 실은 나도 다른 이를 너무 쉽게 재단하고 판단한 것은 아닌지. 그런 의미에서 원어민 강사들에 대해서 한번쯤 생각하고 넘어갈 필요는 있다고 생각한다. 학교의 원어민 보조교사뿐만 아니라 각 사설 유치원, 학원 등의 원어민 강사들 모두를 통틀어서 말이다. 원어민 강사들의 이태원 방문 비중이 높은 건 사실이다. 그리고 이태원 일대 방문뿐 아니라 이태원 클럽 방문율도 상대적으로 높다. 교육부 통계만 봐도 그것은 확연히 드러난다.

원어민 강사들이라고 해서 예외를 둘 수는 없다. 그들 또한 한국에서 활동하려면 한국의 규칙과 법질서를 따르는 게 당연하다. 코로나와 관련한 중요 사안에 있어서는 더더욱 그렇다. 그러나 마찬가지로 그들에 대한 과도한 비판도 자제할 필요는 있다. 클럽에 간 원어민 강사들은 클럽에 간 한국인들과 마찬가지로 그에 합당한 책임을 져야 하는 게 마땅하지만, 그들이 자기들과 비슷한 영어권 문화의 친구들을 만날 수 있는 장소가 이태원이고, 낯선 타국 땅에서 그들에게 그나마 숨통을 틔워줄 수 있는 공간이 이태원이라는 점은 짚고 넘어갈 필요가 있겠다. 대게는 힘 있

는 나라의 백인일 가능성이 많은 그들에 대한, 주제넘은 동정심
따위는 여기서 그치련다.

그런데, 아무리 이해해보려 노력해도 악의적이고 함량 미달인
기사를 쓴 기자와 언론사는 도저히 이해가 안 되는 걸 보니, 나
는 아직 멀었다.

'정치하는 엄마들'의 무례함을 비판한다

| 방과후학교와 초등돌봄 법제화 논란 ①

'정치하는 엄마들'이라는 단체가 있다. 솔직히 말하건대, (이럴 줄 모르고) 단체명이 마음에 들었다. '엄마들'과 '정치'라는, 한국 사회에서는 잘 어울리지 않을 법한 두 단어를 이어 붙였다. 그 어색함에서 풍기는 약간의 긴장감이 좋았다. 사회에서 엄마들에게 강요돼왔던 그 지긋지긋한 수동적 여성상에서 탈피해, 적극적으로 사회적 발언을 하는 당당함이 좋았다. 그들이 지향하는 성평등 사회, 복지 사회, 비폭력 사회, 생태 사회 등에는 동의하지 않을 재간이 없었다. 그들이 이렇게 무례할 줄 모르고 말이다.

왜 이렇게 하나같이 우리나라의 각종 단체와 노조들의 성명은 거칠고 무례할까. 그것에 보수 진보를 가리지 않지만, 아무래도 그런 성향은 진보단체 쪽에서 더 많이 나타나는 것 같다. 주로 현재의 문제에 대해 항의하고 저항하는 쪽에 서 있는 적이 많기 때문일 것이다. 그렇게 과격해진 것에 대해 이해 못 하는 바는 아니다. 과거 군사독재정권 시절(그 이후 민주정권까지도), 무수한 핍박과 차별과 억압을 받아온 각종 진보단체와 노조들은 저항할 수밖에 없었고, 과격해질 수밖에 없었다. 너무나 명확한 '악'(군사독재정권) 앞에서, 너무나 명확한 '선'(각종 진보단체와 노조)이었던 그들에게는, 과격함이 하나의 미덕이었다. 고민할 필요가 없었다.

그러나 시대가 변했다. 세상의 구조가 큰 틀에서 근본적으로 변한 게 아니라고 얘기하는 사람도 있겠지만, 사회는 예전과 비교할 수 없을 만큼 복잡해졌다. '선'과 '악'의 이분법으로 단순히 세상을 보다가는 놓치는 게 반이다. 복잡다단하게 얽혀 있는 사람들의 입장과 처지를 섬세하게 이해하지 못한 채 '악'으로 치부해 버리고, 과격한 말들로 자신의 '선'을 드러내는, 나르시시즘에 빠진다. '정치하는 엄마들'의 언사에서 나는 꼭, 그렇게 느낀다.

2020년 5월 19일, 교육부는 초등돌봄교실 및 방과후학교의 법적 근거를 마련하는 초·중등교육법 개정안 입법 예고를 했다. 그동안 법적 근거가 미비했던 초등돌봄교실과 방과후학교를 초·중

등교육법에 정식 '학교 사무'로 명시하는 법안이다. 이에 대해 교사노동조합연맹, 실천교육교사모임, 전국교직원노동조합, 한국교원단체총연합회 등 교원단체와 교원노조들은 방과후학교와 돌봄은 학교와 교사의 역할이 아니라는 이유로 입법 저지 운동을 펼쳤고, 결국 교육부는 개정안 추진을 철회했다.

이에 대해 '정치하는 엄마들'은 뭐라고 했을까. 5월 22일에 낸 성명서, 〈교육자 본분 망각한 교원단체의 초·중등교육법 저지 규탄한다. 유은혜 사회부총리는 흔들림 없이 초등돌봄 법제화 추진하라!〉에서 교사들을 신랄하게 비판, 아니, 비난했다. "교사들의 집단 이기주의에 충격이 가시지 않는"다고 했고 이어 "그런 사고를 가지고 아이들을 맡는 교사들에게 아이들을 맡겨야 한다고 생각하니 학부모로서 참담하기 이를 데 없다"고 했다. "대한민국 초등교사들이 스스로 교사이되 교육자는 아니라고 선언"했고, "대한민국에서 가장 안정된 직장이라는 것 외에 학원 강사와 다를 게 무엇인가?"라는 모욕적인 말까지 했다. 이건 약과다. 학부모들이 단순히 수업만 받으라고 아이를 학교에 보내는 게 아니라면서, 만약 그런 거라면 "학교 교사보다 더 잘 가르치는 사설학원을 이용할 수도 있을 것"이라고 했다.

그래, 어쩌면 학원 강사가 교사보다 더 잘 가르칠지도 모른다. 그러나 이렇게 대놓고 얘기하는 건 다른 문제며, 정도를 넘었다.

거침없이 교육

너무나도 무례하다. 교사들의 생각이 혹여 조금 비합리적이고 잘못됐을 수도 있다. 그렇다고 "그런 사고"를 가진 "집단 이기주의"에 매몰된 사람 취급을 받고, 학원 강사보다 못한 수업 실력을 가진 사람 취급을 받아야 할까? '생각의 다름'을 전혀 인정하지 않고 자신들만이 올바른 '선'이라는 생각을 하고 있기에 가능한 발언들이라고 생각한다.

그런 문제 많은 사람들이 교사라면, 문제가 생겼어도 한참 전에 생겼을 텐데, 지금까지는 발견 못 했다가 법제화 문제에 대한 의견 차이로 이제야 알게 됐다는 걸까? '정치하는 엄마들'이 실제 접하고 만난 교사들은, 본인들이 얘기한 대로 정말 이기주의의 화신이고, 수업 실력도 형편없던가? 궁금하다.

교원 단체의 주장에 동의하는, 즉 방과후학교와 돌봄 법제화에 반대하는 교사일지라도, 내가 맡은 반 아이들에 대해서는 헌신하고 최선을 다할 수 있다고 생각한다. 그리고 내가 봤을 때 그런 교사들이 훨씬 많다. 법제화에 반대하면 이기주의적인 교사고, 찬성하면 헌신하는 교사인가? 저런 식의 막말이, 그들과 생각은 다르지만 자신이 맡은 반 아이들에게 최선을 다하는 수많은 교사들을, 얼마나 힘빠지게 하는지 아는가.

말을 곡해, 또는 과장되게 해석해서 교사들을 비난하기도 한다. 교사노동조합연맹의 4가지 요구를 적은 홍보 포스터에는 "교육부는 교사를 '아이돌보미'의 도우미로 만들지 말라"고 나와 있는 부분이 있다. 이에 대해 '정치하는 엄마들'은 "직업에 귀천이 있다는 말"이냐며 따져 묻는 것부터 시작한다. 초등 저학년의 돌봄은 교육기관과 교육자의 과업이자 목표임에도 불구하고, 이를 비정규직인 "아이돌보미(돌봄전담사)만의 책임으로 규정하고 돌봄 업무에 조력하는 것이 마치 정규직의 수치인 냥 말하는 교사노조는 노동단체로서 최소한의 자격도 없다"고 마무리한다.

교사노동조합연맹의 저 요구 문구는 무언가 좀 아쉬운 게 사실이다. 오해의 소지가 있고 신중치 못한 표현이었다. 그러나 '정치하는 엄마들'의 해석이 일견 그럴 수 있다고 생각하면서도, 너무 과하다. 저 말은 어떤 뜻일까? 실제로 교사노동조합연맹이 같이 낸 성명서 "방과후학교 · 초등돌봄교실 운영 학교사무 입법안 반대한다"에는 관련 부분이 이렇게 나와 있다. "학교를 아이돌봄 서비스 제공기관으로 만드는 것은 교원에게 교육과 무관한 '아이돌보미'의 보조 업무를 부가하여 교육 본연의 업무 수행에 지장을 주고 교육의 질 저하를 초래하게 될 것이다."

어떤가? '정치하는 엄마들' 말대로 비정규직인 아이돌보미(돌봄전담사)를 무시하고 정규직으로서 갑질하는 듯한 모습이 보이는가? 그렇게까지 볼 만한 내용일까? 그 사람에 대해 무조건 비판하고 비난하고자 하는 마음을 잠시 내려놓고 상대방의 입장에

　　　　　　　　　　　　　　　　　　　　거침없이 교육

서 어떤 얘기를 하려는지 조금이나마 열린 마음으로 듣기를 바란다면, 지나친가.

이번에는 해당 당사자 중 하나인, '민주노총 공공운수노조 전국방과후학교강사지부'의 성명서를 보자. 그들은 좀 다를까? 소통을 하려는 의지가 있을까? "교육부의 '방과후학교 법제화' 환영한다"는, 교육부의 법제화 발표 직후(법제화 철회 전)에 나온 성명서 일부분이다. "(방과후 강사가) 수업하는 환경에서의 불이익도 이루 말할 수 없다. 수업에 필요한 자료를 만들어야 하는데 학교에서 복사기를 사용하지 못하게 하는 학교, 수업 도중 냉난방도 제대로 해주지 않는 학교, 강사는 학교 안에 주차를 하지 못하게 하여 학교 밖에 주차를 해야 한다는 학교. 공예나 미술 등 쓰레기가 많이 발생하는 과목인데 학교에서 쓰레기를 처리하지 못하게 해서 쓰레기봉투를 가지고 다녔다는 강사 등 지금까지 노조에서 들었던 이러한 믿기지 않는 사례는 셀 수 없이 많다. 21세기의 공교육을 하는 학교에서 교육을 하는 교육자들의 모습이 맞나 의심이 들 정도이다. 심지어는 학급 교실을 쓰는 방과후학교 강사가 담임교사로부터 '교실 빌려 쓰면서 업무 방해하지 마세요!'라는 막말을 들은 적도 있었다. 적반하장도 이런 경우가 없다. 우리가 교실을 빌려 쓰는 사람이었던가!"

이런 식으로 하면 상대방 기분만 나쁘게 할 뿐, 소통을 힘들게 만든다. 저런 사례들이 실제 있었을 수는 있다. 그러나 이런 공적인 글에 쓰려면, 저런 사례가 일반화할 수 있을 만큼 보편적이어야 한다. 정말 그런가? 그리고 저 이야기들 속에 과장은 없는가? 수업 도중 냉난방도 제대로 해주지 않는 건, 정말 방과후 강사의 수업이기 때문에 그런 건가? 원래 학교의 냉난방은 일반 교사에게도 인색하다. 그리고 보통은 중앙통제식이라 방과후 교실이 냉난방이 안 되었다면 그 시간에 다른 교실 또한 냉난방이 안 됐을 가능성이 크다. 학교 안에 주차를 하지 못하게 했다는 것도 쉬이 받아들여지지는 않는다. 대부분 학교는 주차를 관리하는 인력을 둘 만큼 여유롭지 않다. 학교 공간이란 게 의외로 많이 열려 있어서 학부모든, 외부 사람이든 와서 자리가 있으면 주차를 할 수 있다. 다만, 주차공간이 협소해 방과후 강사가 오는 시간에는 자리가 없는 경우가 많다.

방과후학교 강사가 같은 교실을 쓰는 담임교사로부터 '교실 빌려 쓰면서 업무 방해하지 마세요!'라는 막말을 들었다는 사례는, 정말 당황스럽다. 초등학교 교사의 경우 교무실에 따로 자리가 없고, 교실에서 모든 업무 처리와 수업 준비가 이루어져야 함에도 불구하고 유휴 교실이 없는 경우, 울며 겨자 먹기로 수업 끝나자마자 서둘러 교실을 내줘야 한다. 학년 연구실이라도 있으면 다행인데, 그마저도 없어 학교 안을 배회해야 하는 경우도 정

거침없이 교육

말 가끔이지만, 있다. 어쨌든 일은 해야 하기에 급한 공문이나 업무를 처리하려면 부득이 방과후수업을 하고 있는 반에 들어가 작업해야 하는 경우가 있는데, 눈치가 보이기도 하고 수업 중 미안하기도 하지만, 교사도 피해를 보는 건 피차 마찬가지다. 그건 교사나 방과후 강사의 책임도 아니고, 학교 여건이 충분히 마련되지도 않았는데 무리하게 방과후를 늘려 잡은 학교나 교육청의 책임이라고 할 수 있겠다. 이런 상황 속에서 다짜고짜 담임교사로부터 저런 식의 막말을 들었단다. 가만히 있는 방과후 강사에게 담임교사가 아무 이유 없이 정말 저랬을까? 무언가 서로 간에 사정이 있지 않았을까? 최소한 앞뒤 상황만이라도 이야기해주고 이런 사례를 열거해야 하는 것 아닌가?

저런 식으로 하자면, 교사 입장에서도 끝도 없이 이야기할 수 있다. 방과후 교실에서 수업을 듣는 아이들 다툼을 강사가 중재하지 못해 담임교사가 와서 해결했다는 이야기, 그런 다툼이 결국 '학폭'까지 이어져 결국에는 교사가 관련 일 처리를 모두 했다는 이야기, 방과후 교실 사용 후 매번 뒷정리가 되지 않아 그 교실 담임교사가 항상 청소를 다시 한다는 이야기, 아이에게 너무 함부로 대하고 큰소리로 호통 치는 방과후 강사 이야기 등등. 이렇게 이야기한다면 방과후 강사 입장에서 받아들일 수 있겠는가? 받아들일 수 없을 거고, 이런 공적인 글쓰기에는 부적합한 내용들이다. 그저 일부 방과후 교실에서 일어나는 일들일 뿐, 일반화할 수 없기 때문이다. 몇몇 사례를 전체인 양 이야기하는 건 감정만 상하게 할 뿐, 서로를 위해 아무 도움도 되지 않는다.

　이번 글에서는 방과후 교실과 초등돌봄 법제화에 대한 생각을 구체적으로 이야기하진 않았다. 다만 소통을 어렵게 하는 언어들에 대해 살펴봤을 뿐이다. '정치하는 엄마들'과 '민주노총 전국 방과후학교강사지부'의 주장에 무조건 반대하지 않는다. 주의 깊게 봐야 할 내용들도 꽤 있다고 생각한다. 다음 글에서 살펴볼 생각이다. 다만, 그들의 소통하는 방식과 무례함에 대해서는 꼭 한 번 짚고 넘어가고 싶었다.

거침없이 교육

교사는 정말
이기적인 걸까

| 방과후학교와 초등돌봄 법제화 논란 ②

저번 글에서는 '정치하는 엄마들'과 '민주노총 전국방과후학교 강사지부'의 무례함, 혹은 잘못된 소통 방식에 대한 비판을 했다. 방과후학교와 초등돌봄 법제화 논란에 대한 구체적 언급은 하지 않았었다. 이번 글에서는 그에 대한 구체적인 내용을 다뤄보고 내 생각을 이야기해 보고자 한다.

방과후학교는 공교육인가

나는 초등학교 교사고, 따라서 방과후학교와 초등돌봄 법제화에 대해 회의적인 부분이 있다. 그러나 교원단체의 의견에 동의하지 않는 부분도 있고, 또 방과후학교나 돌봄 관련 단체의 의견에 귀 기울 부분도 있다고 생각한다. 그중 하나가 방과후학교 공교육 논란이다. 미리 얘기하자면 나는, 방과후학교가 넓게 보면 공교육에 속한다고 보는 편이다.

일부 교사 및 교원단체는 방과후학교가 사교육이고, 사교육업자들이 학교에 들어와 장소임대료나 시설사용료도 거의 내지 않고 공짜로 자기들의 이익을 위해 장사를 한다는 식으로 말하기도 하는데, 좀 과하다고 생각한다. 수익자 부담 원칙에 의거, 돈을 받고 가르치니 더 그런 인식이 퍼질 것이다. 하지만 그들이 수강료를 받고 수업을 한다고 해서 단순 사교육업자로 말하는 건 설득력이 떨어진다. 2020년 현재에도 고등학교 1학년(고등학교 2, 3학년은 무상교육으로 바뀌어 등록금이 없다)과 일부 특목고 등의 사립학교에는 꽤 많은 금액의 등록금을 지급하고 교육을 하고 있다. 그렇다고 해서 우리가 그런 교육을 사교육이라고 하지는 않는다. 또 임대료 및 시설사용료를 내지 않고 교육하는 것은, 역으로 공교육이기 때문에 그렇다고 볼 수도 있지 않을까?

방과후학교가 일반 사교육과 다른 점은, 그 운영 주체가 어쨌든 학교와 같은 공공의 영역이라는 점이다. 어떤 프로그램을 학교 안에 들여놓을지, 어떤 강사를 뽑을지 등을 사교육 업체가 정하지 않고 학교에서 정한다. 나름의 교육적 방향성을 생각하면서 말이다.

'공교육'에 대한 정의를 두산백과는 '훌륭한 국민을 육성한다는 공공적인 목적을 위하여 국가 또는 지방자치단체가 설립, 운영하는 학교 교육 또는 이에 준하는 학교 교육'이라고 요약해놓고 있다. 정식 '학교 교육'이라고 할 순 없지만, '이에 준하는 학교 교육'에 방과후학교가 포함된다고 할 순 있겠다. 중요한 것은 '공공적인 목적'이다. 방과후학교가 '공공적인 목적'에 의해 운영되는가? 비록 학교 구성원들의 동의 따윈 아랑곳하지 않고 욱여넣다시피 학교에 들어왔지만, 방과후학교의 운영 목적은 사교육 경감과 학생들의 다양한 적성, 특기 함양 및 돌봄에 있었다. 어쨌든 방과후학교는 시대의 흐름을 타고 '공공적인 목적'으로 들어왔다고 할 수 있다. 교사들이 이 의견에 쉬이 동의하진 않겠지만, 법제화의 찬성 여부와 상관없이, 나는 방과후학교가 사교육보다는 공교육에 가깝다고 생각한다. 굳이 방과후학교 자체를, 학원과 같은 사교육업자들을 위한 수익 사업이라는 식의 과한 비판을 할 필요는 없다고 생각한다.

방과후학교의 지자체 이관에 대하여

그렇다면 이 방과후학교를 꼭 학교가 맡아야 할까? 꼭 그럴 필요는 없다고 생각한다. 역량이 된다면 지자체가 맡아서 해도 큰 문제는 없다고 생각한다. 많은 교원단체가 주장하듯, 학교는 장소를 빌려주는 데 협조하고 지자체가 전체 관리를 하는 방식이다. 유독 이 문제에 있어, 민주노총 방과후강사지부 측에서는 '외주화'와 연결 짓는다. 사실 일부 학교에서는 방과후학교를 (일종의 '외주화'라고 할 수 있는) '업체위탁' 하는 경우가 있는데, 이 경우 학교가 직접 관리하는 번거로움이 없는 대신, 프로그램의 질은 떨어지기 마련이다. 업체도 어쨌든 돈을 벌어야 하기에 수수료를 떼야 하고 그 수수료는 강사 또는 학부모들에게 고스란히 전가되는가 하면, 강사들도 공정한 절차 없이 본인들의 입맛에 맞게 선정할 가능성까지 내포하고 있다. 실제 그런 것들이 문제가 되어 왔다. 학교의 방과후학교 '업체 위탁'은 사실 아쉬운 부분이고, 학교가 그러지 않았으면 좋겠다. 그러나 학교에서 '업체 위탁'을 하게 된 저간의 사정은 이해되었으면 좋겠다. 학교가 방과후학교를 운영하면서 힘이 빠질 만큼 빠진 것이다.

그런데 어쨌든, 민간에게 맡기는 업체 위탁과 지자체 이관은 다른 차원이다. 지자체도 공공의 영역인데, 그걸 어찌 민간업자에게 맡기는 업체 위탁과 비교할 수 있을까? 이에 대해 이진욱 민주노총 공공운수노조 전국방과후학교강사지부 지부장은 〈에듀인뉴스〉에 기고한 〈[위기의 방과후학교] ④덴마크 따라 갔는데, '가짜' 덴마크만 들여왔다〉에서 "수수료가 없고 갑질이 조금

덜하다는 점에서 민간 업체 위탁보다는 나은 것이 사실"이라고 했다. 그러나 "고용이 불안하고 처우가 좋지 않은 것은 마찬가지"라며, "학교-구청-강사가 맺는 3자간 계약 방식은 책임소재가 불분명해 사고나 문제가 발생했을 때 가장 약자인 강사들이 피해를 볼 수밖에 없는 구조"라고 얘기한다.

하지만 이는 현재 시행하고 있는 서울의 몇몇 사례를 기준으로 말한 것일 뿐, 앞으로 개선할 수 있는 여지가 충분하다. 고용이 불안하고 처우가 좋지 않은 것은 현재도 마찬가지이며(안타까운 일이며 개선할 부분이 있으면 해야 한다. 다만, 지자체에 이관한다고 해서 그게 더 심해지지는 않다는 말이다), 책임 소재의 불분명함은 다시 명확히 기준을 세우면 그만이다. 지자체 이관의 단점으로선 전체적으로 근거가 약하다. 게다가 서울시에서 지자체 주관으로 운영하고 있는 학교-지자체 연계 방과후학교가 그렇게 나쁜 평가를 받고 있는지도 의문이다. 방과후학교는 오로지 학교만이 독점할 수 있는, 해야만 하는 사업인 것일까?

다만, 모든 지자체가 현재 각 학교에서 빠짐없이 이루어지고 있는 이 방과후학교를 모두 맡을 정도의 역량이 되는지는 생각해 봐야 한다. 그렇다면 여태껏 학교는 역량이 돼서 했는가? 그렇지 않다. 학교에서는 정말 울며 겨자 먹기로 이 방과후학교 업무를 맡아서 했다. 교사 외에는 아무도 알아주지 않지만 말이다.

중요한 것은, 이 방과후학교가 본질적으로 지자체의 업무인지, 학교의 업무인지가 불분명하다는 데 있다. 과연 어느 곳의 업무일까? 방과후학교가 '복지'의 영역에 가깝다면 지자체가, '교육'의 영역에 가깝다면 '학교'가 맡는 게 더 적절하다고 할 것이다. (하지만 이마저도, '복지'라고 해서 '교육'을 못하라는 법이 없고, '교육'이라고 해서 '복지'를 못하라는 법이 없다. 서로는 일정 정도 겹치며 상호 보완적이기 때문이다.) 이것에 대해 또 다투는 분들이 계시지만, 내가 생각할 때 방과후학교는 '복지'와 '교육'의 성격을 모두 갖고 있다. 그렇기에 사실, 어느 곳이든 역량이 되는 곳에서 맡으면 될 일이다. 불행하게도 현재로서는, 그 어느 곳도 역량이 충분하다고 말할 수는 없겠다. 그저 지금까지는, 위에서 시키는 대로 학교에서 버겁게 맡아서 해왔을 뿐이다.

초등돌봄, 보육인가, 교육인가

그런데 '돌봄'의 경우는 그 구분이 비교적 명확하다. '돌봄'의 경우, 학교가 맡기 전까지, 보건복지부(보건복지부의 업무가 지자체로 넘어온다)의 업무였기 때문이다. 학령기 이전 아동의 돌봄뿐만 아니라, 초등학생 이상 아동의 방과후 돌봄도 마을의 '지역아동센터'를 통해 관리했었다. 물론 저소득층 위주의 아동들을 대상으로 했지만 말이다.

학교 안 초등돌봄도 마찬가지다. 1990년대 중반에 이르러 학교 시설을 활용한 돌봄 서비스가 정부 주도로 시행되는데, 처음엔 보건복지부가 주관한 사업이었다. '방과후 아동보육 사업 활성화 대책'의 하나로 초등학교 내에 보육 시설을 설치하자는 게 골자였다. 보건복지부가 1996년 서울에 있는 상암초등학교와 안산초등학교에 아동 돌봄 시설을 설치하여 운영한 것이 첫 시작이었다.

보건복지부에서 교육부로 주관 부서가 바뀌게 된 때는 2004년이다. 사교육비를 줄일 방편 중 하나로 제시된 '방과후학교'와 궤를 같이한다. 이 당시 방과후학교는 사교육비 경감뿐 아니라 소외 계층을 대상으로 한 교육 복지, 방과후 아동 보호 등 다양한 목적을 담은 사업이었으며, 초등돌봄도 그 사업의 일부로 편입하게 된 것이다. '보육'이 '교육'의 영역인 '학교'로 들어온 것이다. 결국, 정권의 정책상 이유로 학교로 들어온 것인데, '교육'과 '보육'의 분리를 외치는 교원 단체들의 주장이 그리 근거가 없는 건 아닌 것이다.

'정치하는 엄마들'은 '교육'과 '보육'이 분리되어야 한다는 교사들의 주장에 대해, "아이를 교육기관에 맡기는 초등 저학년 학부모 입장에서 학교 안에서 교육과 보육은 구분될 수 없는 가치"라고 이야기한다. "학부모가 아이를 학교에 보내는 또 다른 목적은 학교라는 공적 영역에서 안전하게 보호받기를 원하고 선생님과 친구들과 단체 생활을 하면서 건강한 사회성을 함양하기 바라기 때문"이라는 것이다. 교사와 학교는 지금껏 "아이들의 건강 · 영양 · 상담 등 학습 이외의 돌봄 활동을 수행"해 왔는데, 그걸 거부한다면 차라리 더 잘 가르치는 사설학원을 이용하는 게 낫겠다는 막말도 서슴지 않는다.

'정치하는 엄마들'은 '교육'과 '보육'의 단어를 이리저리 자기들 입맛대로 끌어 쓰면서, 교사들을 무책임한 사람들로 비난하고 있다. 당연한 얘기지만, '교육'과 '보육'이 아주 별개의 영역은 아니다. 교사들은 교육을 하는 와중에 그 아이의 안전과 건강을 최우선에 두고 수업해 왔다. 그리고 '정치하는 엄마들' 말대로 그게 보육이라면 교사들은 누구보다도 충실히 보육의 역할도 해왔었던 것이다. 그런데 지금 법제화 논란의 와중에서 이야기하는 '보육'은 단순히 그런 의미의 '보육'이 아니다. 학교 안에 별도로 존재하는 '돌봄교실'을 이야기할 때의 '보육'을 이야기하는 것뿐이다. '보육'을 좀 더 전문적으로 하는 이 '돌봄교실'이, '교육'을 좀 더 전문적으로 하는 '학교'에 들어오는 게 과연 맞느냐 하는 물음일 뿐이다. 그런데 '정치하는 엄마들'은, 다른 영역에서의 '보육' 개념(교사들이 교육을 하는 와중에 행하는 건강, 안전, 상담 등과 관련한 돌봄)을 가지고 와 교사를 필요 이상으로 까는 데 열중하고 있다.

불필요한 논란만 일으키는 '정치하는 엄마들'에 대한 이야기는 여기까지만 하자. 다만, 초등돌봄교실이 학교에 들어와 있는 게 맞는지의 여부와 별개로, 초등돌봄교실이 '보육'의 영역에 가깝고, 굳이 따지자면 보건복지부 혹은 여성가족부의 업무에 가깝다는 것은 짚고 넘어가자.

돌봄이 학교에 있으면 안 되는가

그렇다면 '돌봄교실'이 학교에 있으면 안 되는가? '돌봄교실'이 학교에 있으면 무슨 문제가 있길래 그러는 걸까? 일단 돌봄 담당 교사의 업무 과중을 들 수 있다. 사람들은 교사들 일하기 싫어서 그런 거냐며, 대수롭지 않게 여기기도 하는데, 그런 차원의 문제는 아니다. 이건 심각한 문제라고 생각한다. 자세한 건 뒤에 이야기하겠다.

다음으로, 좀 더 전문적으로 돌봄을 담당할 수 있는 보건복지부와 여가부에서 책임지는 게 질적인 측면에서 좋다는 논리다. 하지만 이 부분에서는 쉬이 동의하기 힘들다. 왜냐하면 학교 초등돌봄이 지금까지 너무 잘해왔기 때문이다. 일단 양적인 측면에서 2018년 기준으로 초등돌봄교실 이용 아동은 24만 명으로, 지자체 마을돌봄 9만 명과 비교할 수 없을 정도로 성장했다. 질적인 측면에서도, 매년 90% 이상의 학부모 만족도를 보이는 것으로 보아, 일정 수준 이상을 유지하는 것으로 보인다.

돌봄이 필요한 아이들에게는, 학교를 벗어나 길을 건너고 건너 다른 돌봄 장소로 찾아가는 것보다, 수업 끝나고 바로 같은 학교 건물에 있는 돌봄 장소로 가는 것이 훨씬 편리하고 안전하다. 가능하기만 하다면, 학교 안 돌봄이 가장 이상적인 돌봄의 장소가 될 여지가 충분하다. (오전 오후 수업, 방과후학교와 돌봄교실을 합쳐 하루 대부분을 아이가 학교에서 머무는 것이 정서 학대라는 의견도 있다. 그러나 정규 수업 후, 방과후와 돌봄이 아니면 갈 곳이 없는 아이들의 경우, 어떤 것이 정서 학대가 될 것인지는 생각해볼 필요가 있다. 또 방과후나 돌봄이 아니면 어차피 아이들은 학원, 지역아동센터 등을 전전하며 하루를 보내야 하는데, 과연 그게 큰 차이가 있는 걸까?)

교사의 업무 과중만 해결된다면, 학교 안 돌봄을 단지 '교육'의 영역이 아닌 '보육'이라는 이유만으로 밀어내는 건 합리적이지 않다는 생각이다. '교육'과 '보육'이 시스템상 유기적으로 연결되는 것이 나쁠리는 없다. 다만 '교육'만을 맡아서 하기에도 버거운 교사가, 다소 다른 영역이라 할 수 있는 '보육'의 업무를 떠맡아 온전히 처리해야 하는 업무 과중, 업무 배정의 비합리성이 문제라고 할 수 있다. 이는 가벼이 넘길 부분은 아니다.

방과후학교와 돌봄교실은 어떻게 학교에 들어오게 되었나

그래, 방과후학교와 돌봄교실이 학교에 들어오는 것은 좋은 일이다. 적어도 초등의 경우, 방과후학교를 통해 저렴한 가격으로 주지 교과 위주의 공부에서 벗어나 비교적 다양한 예체능 및 체험 수업을 접할 수 있다. 그리고 돌봄교실은 맞벌이 가정 아이들에게 머물 곳을 제공해주며, 일 가정 양립을 위해 불완전하나마 대안을 제시해준다. (더 근본적으로는 여성 또는 남성이 돌봄을 위한 휴가를 회사에서 쓰더라도, '경력 단절'이 되지 않는 사회적 분위기와 제도의 정비가 있어야 한다.) 이 좋은 것이 들어오는데 교사들은 왜 반대를 할까?

아무리 좋은 게 들어오더라도, 학교 구성원들이 그것을 받아들일 준비가 되어 있어야 한다. 마음의 준비뿐만 아니라 물리적인 여건 또한 준비되어야 한다. 방과후학교와 돌봄교실이 들어왔을 때, 학교는 받아들일 준비가 되어 있었을까. 그리고 학교 구성원들의 동의를 구하는 절차가 조금이라도 있었을까. 애석하게도, 하나도 없었고, 준비는 되어 있지 않았다. 그냥 위에서는 까라고 했고, 밑에서는 하기 싫어도 까라니 깠을 뿐이다.

앞에서 이야기했듯, 원래 보건복지부 업무(돌봄의 경우)였던 것이 2004년, 사교육비를 줄일 방편 중 하나로 '방과후학교'와 '돌봄'이 제시된다. 이 당시 방과후학교는 사교육비 경감뿐 아니라 소외계층을 대상으로 한 교육 복지, 방과후 아동 보호 등 다양한 목적을 담은 사업이었으며, 초등돌봄도 그 사업의 일부로 편입하게 된 것이다. 학교의 사정은 고려 대상이 아니었다. 이 사업을 하면 많은 사람이 좋아하리라 생각했고, 시대가 원한다는 이유로 학교 안에 욱여넣었다.

학교는 준비되지 않은 채 받아들였고, 교사들은 꾸역꾸역 일을 처리했지만, 문제가 한둘이 아니었다. 관련 사업을 시행할 인력이 충원되거나 하는 것 없이 그냥 있던 교사가 맡아 하게 되었는데, 업무 담당자는 다른 일은 제쳐둔 채 수업이 끝나면(어쩌면 수업 중에도) 그 일에 매달려야 했다. 프로그램을 짜고, 그에 맞는 강사 공고를 낸 후 선발, 채용하고, 강사료를 계산하여 품의하고, 아이들 수강 신청을 받아 분류하는 등의 일을 모두 교사가 했다. 보통 10개 넘는 방과후 수업에 대해 일일이 그런 과정을 거쳐야 했다. 그 과정에서 올려야 하는 기안과 품의는 상상하는 것보다 많다.

뿐만 아니라, 학교 교실도 충분히 확보하지 않은 채 수업이 이루어지다 보니, 보통 저학년 선생님들은 교실을 방과후학교에 내줘야 했다. 수업이 끝나고 바로 시작하는 경우가 많아 정리도 제대로 하지 못한 채 허겁지겁 교실을 내줘야 하는 경우가 많았다. (저출산 때문에 학교에 교실 많이 남지 않느냐고? 물론 그런 학교도 있다.

거침없이 교육

그런데 새로 생겨나는 신도시로 인한 인구 유입이 많아져, 교실이 부족한 학교 또한 많다. 현재까지도 여전히.) 초등학교는 교무실에 교사 책상이 없으므로. 해야 하는 업무 처리, 다음날 수업 준비를 하기 위해서는, 부득이 방과후 수업을 하는 교실에 들어가 일을 하는 경우도 있다. 방과후 강사는 강사대로, 교사는 또 교사대로 불편하고 어색한 동거가 펼쳐지는 것이다.

돌봄교실 또한 크게 다르지 않다. 돌봄교실을 맡은 교사들은 그와 관련한 모든 행정적 업무를 도맡아 하는데, 그 또한 신경 쓸 게 한두 가지가 아닌 것이다. (물론 지역마다 조금씩 다르긴 하다. 서울 같은 경우. 돌봄전담사가 관련 행정을 거의 대부분 처리하는 것으로 알고 있다.)

정규 교과 수업이 먼저다

교사의 방과후 돌봄 업무 과중 문제가 가볍지 않은 이유는, 그 업무가 아이들 가르치는 것과 하등의 관련이 없다는 데 있다. 이 업무가 아이들 가르치는 것, 아이들 생활 지도와 관련이 있는 것이라면 어떻게든 해내겠다. 물론 방과후 수업을 듣는 아이들, 돌봄교실에 가는 아이들에게 간접적으로 영향을 미치니 아예 없다고 할 순 없겠으나, 당장 내가 내 아이들 내일 가르칠 것도 준비가 안 되어 있는데, 그 업무들에 파묻혀 있는 것은 앞뒤가 바뀌어도 한참 바뀌었다.

　학교에서 가장 중요한 것은 누가 뭐래도 '정규 교육 과정 운영'이다. 그런 '정규 교육 과정 운영'의 정상화가 제1의 목표가 되어야 하며, 이것이 침해받는 것은 큰 문제이다. 이렇게 말하면, 방과후학교와 돌봄교실을 무시하는 거로 오해받기 십상이다. 방과후학교도, 돌봄교실도 그 나름의 가치가 있다는 것을 충분히 인정한다. 그러나 그마저도 '정규 교육 과정 운영'을 침해하면서까지 있어야 할 이유는 없다. '정규 교육 과정 운영'을 침해하지 않는 범위 내에서 존재해야 한다.

　방과후학교와 돌봄교실이 직접적으로 '정규 교육 과정 운영'을 침해하진 않는다. 그러나 간접적으로는 상당히 많은 침해를 하고 있는 게 현실이다. 앞에서 얘기했듯, 업무 과중으로 담당 교사는 정작 제 수업을 위한 준비는 할 시간이 없기 때문이다. 그런데 이제 와서 이런 하소연해 봤자 교사들만 욕을 먹는다. 방과후학교와 돌봄교실에 대한 학부모들의 만족도는 건드릴 수 없을 만큼 높기 때문이다. 그 뒤에는 담당 교사의 헌신이 있는데 말이다. (물론 방과후 강사와 돌봄전담사의 헌신 또한 있을 것이다.) 그런 헌신은 아이러니하게도, 본인 수업의 질 저하로 이어진다.

어떻게 해야 할까

무언가 대책이 필요했다. 교원단체들은 방과후학교와 돌봄의 지자체 이관에서 대안을 찾았다. 여기서 많은 방과후학교 및 돌봄 단체들이 오해하는 게, 교사 본인들 편해지자고 멀쩡히 일 잘하고 있는 방과후 및 돌봄 강사들을 학교에서 몰아내려 한다고 생각하는 것이다. 지자체 이관을 외주화니 뭐니 하면서까지 얘기하는데, 역시나 과하다. (보통 외주화는 공공의 영역이 민간의 영역으로 특정 부분의 업무를 넘기는 와중에, 또는 민간의 영역에서 또다른 민간의 영역으로 일을 넘기는 와중에 생기는, 사회적 약자에 대한 차별 문제를 이야기할 때 나오는 용어다.) 그들이 미워 쫓아낸다는 식으로 이야기한다. 일을 떠넘기는 대안인 건 솔직히 맞지만(학교는 할 만큼 했고, 떠넘길 자격은 있다고 생각한다), 교원 단체들이 민간 영역으로 업체 위탁을 공식 입장으로 내건 적은 한 번도 없었다. 언제나 공적 영역인 지자체로의 이관을 주장했을 뿐이다. 실제 과거에는 지자체에서 학교 건물을 사용하여 관련 사업을 진행했었고, 현재에도 그런 시도는 이루어지고 있는데, 그런 주장이 그렇게까지 허무맹랑하거나 욕먹을 일인지는 모르겠다.

서울 중구청의 경우가 2020년 현재 진행형이다. 중구청의 경우 현재 남산초와 같은 학교 안 돌봄교실 5개와 학교 밖 돌봄센터 6개가 각각 운영되고 있다. 돌봄 교사들은 대부분 정규직으로 뽑았고, 1교실 2교사제를 실현하고 있다. 만족도는 99%에 이른다. 지자체의 돌봄교실 운영이 성공적으로 운영될 수 있는 가능성을 보여준 사례다.

서울 도봉구의 사례 역시 눈여겨볼 만하다. 도봉구는 2017년부터 전국 최초로 지방자치단체가 학교의 방과후학교를 직접 운영하고 있다. 학교와 마을을 연계하여, 지역 주민 중 재능을 가진 이들은 '마을 강사'로 육성하기도 하며, 마을의 자원을 최대한 이용하려 노력하고 있다. 기존 방과후학교가 활동이 아닌 교육의 연장으로 인식돼 그 피로도가 높을 수 있다고 생각하여, '학교'의 틀을 벗어나 좀 더 다양한 활동이 가능한 방과후 활동으로 정책 개선을 생각하고 있다. (이에 대해 이진욱 전국방과후학교강사지부 지부장은 〈에듀인뉴스〉 기고에서 "심지어 '방과후학교는 학교의 정규 교육 과정이 아니기에 방과후학교가 아닌 방과후 활동이라고 불러야 한다'는 어이없는 주장도 한다"고 했는데, 본래 취지를 곡해했다고 생각한다. 방과후학교를 그토록 계속 '학교'의 틀에만 가둬둬야 하는 이유가 무엇일까?) 이미 도봉구 내 방학초, 도봉초, 신방학초, 월천초, 방학중 등의 방과후학교가 지자체에 의해 운영되고 있다.

이게 전국적으로 확산 가능한 모델인지는 모르겠으나, 어쨌든 지자체가 하려면 못할 것도 없는 것이다. '지자체 이관'이 그렇게 뜬구름 잡는 얘기만은 아니라는 말이다.

'지자체 이관'과 비슷한 대안으로 '교육청 이관'을 생각해볼 수 있을 것 같다. '지자체'의 역할을 '교육청'이 맡는 것이다. 학교의 방과후학교 업무 또는 돌봄 업무를 '교육청'이 가져가는 것이다. 이런 사례 또한 지역에 따라 심심찮게 보이고 있다.

몇몇 도에서는 학교지원센터를 열어 학교를 지원하는 역할을 하고 있는데, 제주도특별자치도교육청 또한 이 학교지원센터를 운영해 '초등돌봄교실' 업무를 포함하여 다양한 업무를 지원했다. 초등돌봄교실 업무지원이 89.1%로 가장 높은 만족도를 나타냈다. 전남교육청 또한 학교지원센터를 열어 학교에서 업무 처리에 어려움을 겪고 있는 학교 폭력 예방 및 사안 처리, 기간제교사 채용, 방과후학교 강사 선정 등의 업무를 맡아 처리하고 있다.

학교에 관련 인력을 충원할 수도 있겠다. 기존에 있던 방과후학교 업무 보조 인력, 즉 방과후 코디는 방과후학교 업무 경감에 큰 도움이 되었으나, 경기도교육청의 사업 종료로 대량 해고되면서 업무 공백이 생겼다. 현재 교무행정실무사가 맡아 하는 경우도 많이 있으나, 그것도 학교마다 다르다. 이렇게 학교마다 다른 현재의 상황을 안정적으로 만들어줄 인력 충원이 필요하다. 학교의 상황에 따라 이렇기도 하고 저렇기도 한 그런 상황 말고 말이다.

교육선진국과 비교해 한국의 교사들은 수업 외 업무 부담이 많다.

교육선진국의 교사들은 행정 업무가 없다. 수업에 집중한다. 수업 후 남는 근무 시간을 수업 준비에 집중할 수 있는 것, 그게 정상이다. 사람들은 교사들의 현재 그런 상황에 대해 별로 대수롭지 않게 생각하는 것 같다. 그게 곧 교육의 질로 연결되는 것인데 말이다. 교사들의 방과후학교, 돌봄교실의 지자체 이관 주장에 대해 그저 '이기주의'로 치부해 버리는 듯한 모습만 봐도 그렇다. 방과후학교, 초등돌봄, 모두 좋다. 학부모들이 원하고 시대가 원하니 어쩔 수 없다고 치자. 그런데 그것은, 교사들의 본업인 수업이 침해받지 않는 방식이어야 한다. 정작 자기 반 아이들은 내팽개 칠 수밖에 없는 교사의 헌신과 희생에 기댄 방과후학교와 초등돌봄이 다 무슨 소용인가. 교사가 이기적이어서 그런 게 아니라는 것을, 교사들도 나름의 사정이 있다는 것을, 조금만 이해해줬으면 좋겠다.

방과후학교와 초등돌봄이 생긴 2004년과 마찬가지로, 20여 년이 지났건만 학교는 그 모습 그대로 아직 아무것도 준비되지 않았다. 아무것도 준비되지 않은 방과후학교와 초등돌봄 법제화에 반대한다.

사소한 꼬투리

비판을 한다는 건 불편한 일이다. 그 대상이 내가 존경하고 좋아하는 사람이거나, 내 글을 볼 가능성이 있는 사람이라면 더더욱 그렇다. 그래서 지금 글은, 더더욱 불편하다. 한국 사회는 비판에 인색하며, 비판보다는 비난에 더 친숙하고, 특히 실명 비판의 문화에 취약하므로.

이보라 선생님과 함께, 허승환 선생님이 쓰신 책 중에 《교실 속 평화놀이》가 있다. 제목에서도 알 수 있듯 책은, '교실'과 '평화'와 '놀이'가 함께한다. 교실에서 할 수 있는 놀이가 소개되어 있지만, 그 놀이는 평화와 관련이 있다. '통일'과 같은, 큰 주제에 직접적으로 연관되는 놀이도 소개돼 있지만 대부분은, 우리 생활 속의 왕따, 폭력으로부터 멀어지는 데 도움이 되는, 평화 감수성을 키워주는 놀이가 대부분이다. 평소 허승환 선생님의 강의와 글을 좋아하는 사람으로서, 역시나 많은 것들을 얻고 느꼈다.

걸리는 부분은 갑자기 나타났다. 서로 다른 문화권의 차이를 익히는 놀이를 소개한 후, 끝맺음을 하는 68쪽의 말이다. "다만, 우리는 인권의 침해는 허용하지 않는 범위에서 다른 문화를 바라보아야 하는 점을 잊지 말아야 합니다. 최근 IS의 테러로 프랑스를 비롯한 많은 나라의 평화가 위협받고 있습니다. IS는 이슬람 교파들 중 수니파 다음으로 많은 교파이며 '추종자', '분파'라는 의미입니다. IS의 목적은 이슬람 국가 건설입니다. 즉, 이슬람교 외의 다른 종교를 모두 없애려는 것입니다. 다른 문화를 존중하지 않는 맹목적인 믿음이 그들을 잘못된 길로 끌고 가고 있는 것입니다."

178쪽에도 이런 말이 나온다. "'우리는 모두 같은 사람, 모두 존중받아야 할 존재'라는 사실은 평화로운 마음 갖기의 기본입니다. 지금 전 세계에서 테러를 일으키고 있는 일부 이슬람 국가의 경우는 자신들의 생각만 옳다는 생각 아래, 자신들의 생각과 다른 사람들은 모두 사라져야 한다고 믿습니다. 그들의 행동은 '다른 종교를 가진다고 해도, 같은 생각을 갖지 않아도 그 모습이 모두 다르더라도, 우리는 모두 같은 인간이다'라는 마음이 바탕이 되지 않았기 때문입니다."

　사실 틀린 말은 없다. 모두 옳은 말이다. 문제는 '균형성'과, '과장'이다. 나는 IS를 두둔할 생각이 전혀 없다. 그들은, 그 이전에 나왔던 이슬람 무장단체들과 비교해서도, 도를 넘어도 한참 넘었다. 그들에게 동정적 시선을 일말이라도 갖는 것은 사치다. 그러나 '평화'와 '이슬람 테러'를 이야기하면서 '미국'이라는 나라를 빼놓는 것은, 그 균형성에 문제가 있다고 생각한다. 미국이 이슬람 국가에 저지른 살인이 더 많을까, IS를 비롯한 이슬람 무장단체들이 서방에 저지른 살인이 더 많을까. 그리고 그 악순환의 고리에 조금 더 근본적인 책임이 있는 것은 누구일까.

　과장의 측면에서도 얘기해보자. 'IS는 이슬람 교파들 중 수니파 다음으로 많은 교파'라는 말만 보면, 이슬람교인 대부분이 IS에 속하거나 동조하고 있다는 느낌을 준다. 일단 사실부터 잘못됐다. IS와 수니파가 별도로 분리된 교파를 이루는 게 아니다. IS는 급진 수니파 무장단체 중 하나다. 그렇다면 실제 이슬람 세계에서 IS가 차지하는 비중은 얼마나 될까? 이슬람 전문가인 이희수 한양대학교 교수는, 실제 이슬람 세계에서 IS의 지지율은 1%를 밑돌고, 주류 무슬림 등 국제사회는 IS의 반인륜적 범죄에 치를 떤다고 한다. IS가, 이슬람 사회의 주류가 절대 아니라는 말이다.

'미국의 범죄'만 이야기하는 것이 편향됐듯, 'IS의 범죄'만 이야기하는 것도 편향됐으며, 이 경우 어느 한쪽만 언급하는 것은 전혀 '평화'적이지 않다고 생각한다.

서준호 선생님의 책《교실놀이백과》에는 교실에서 활용할 수 있는 239개의 놀이가 빼곡히, 체계적으로 정리돼 있다. 기존에 있던 놀이, 다른 선생님들이 만든 놀이, 서준호 선생님이 직접 만든 놀이가 거의 총망라 돼 있다고 보면 된다. 그중에서 '미스코리아처럼'은 놀이 설명을 읽어보니 서준호 선생님이 직접 만드신 놀이다. 놀이는 간단하다. 팀을 나눠, 한 명씩 머리에 책을 얹어 '미스코리아처럼' 걷고 반환점을 돌아오는 놀이이다. 이때, 책을 떨어뜨리면 안 되며, 떨어뜨렸다면 다시 처음부터 시작해야 한다. 집중력을 기를 수 있고, 무조건 빨리하는 것이 능사는 아니라는 것을 몸으로 알게 해주는, 좋은 놀이라고 생각한다. 문제는 놀이의 제목에 '미스코리아'라는 말이 들어감에 있다. 여성의 몸을 규격화하고 상품화하는 데 일조했던 '미스코리아'라는, 이 성차별적 함의를 듬뿍 담고 있는 용어를, 굳이 이런 좋은 놀이에 넣어야 할까.

김성효 선생님(현 전북교육청 장학사. 선생님으로서의 정체성을 더 강조하고 싶어, 그냥 내 맘대로 선생님으로 부르련다)의《학급경영 멘토링》은, 행복한 학급을 만들기 위한 김성효 선생님의 갖가지 아이디어들이 녹아 들어가 있다. 행복한 학급을 만들기 위한 멘토링 책으로 당연히 손색이 없다. 그래서 더더욱 어울리지 않았다, 이 책 프롤로그의 제목이. '이젠 선생님도 CEO의 경영 마인드가 필요하다'니. '세바시'(세상을 바꾸는 시간 15분)에서 김성효 선생님이 그랬듯, 기업과 학급은 다르다. 기업의 일차적 목적은 이윤이고 돈이며, 학급의 목적은 아이, 교사, 학부모가 함께 행복해지는 것이다. 기업의 그러한 목적을 폄훼할 생각은 없다. 다만 그에 맞는 제 역할은 각기 다르다는 것을 말하고 싶었을 뿐이다. 'CEO의 경영 마인드'는 기업가에게 필요한 것이지, 선생님에게 필요한 것은 아니다.

사소한 꼬투리고 트집이다. 또, 고작 나 따위가 이토록 뛰어나고 대단한, 많은 이들로부터 존경받는 선생님들을 비판할 깜이 아니라는 것도 안다. 그리고 나의 꼬투리에 일말의 합리성이 있다 해도, 그것은 책 전체 중 극히 일부분에 지나지 않는다. 나의 사소한 트집에 흠이 나기엔, 책들이 너무 좋다. 그러나 우리가 좀 더 근사해지기 위해서는, 때로 사소해질 필요도 있다고 생각한다. 나의 사소함이, 나의 사소한 꼬투리가, 겁 없이 계속됐으면 좋겠다.

밥 빌어먹기
힘들다

| 교직원을 위한 급식 제공 논쟁에 대하여

밥 빌어먹기 힘들다. 물론 지금은 교사들도 무리 없이 학교 급식이라는 "특별한 혜택"을 받아먹고 있다. 그러나, 강민정 의원이 발의한 학교 급식법 제4조 개정 관련 토론회 개최에 대한 인터넷교육언론 〈에듀인뉴스〉 2020년 9월 22일자 기사("학생 없으면 학교급식 멈춰야 할까? … 안 하면 이전 제공 모두 불법 Vs 교육 뺀 매식 현장 만드는 무례한 해석")를 보다 가슴이 턱 막혔다.

교사는 왜 밥 달라고 "찡찡"거렸나

이 기사, 저 기사, 이 댓글, 저 댓글 보다 "교사들 밥 안 준다고 찡찡대는 것 보면 토악질이 나온다"는 댓글을 봤다. 저간의 사정은 자세히 설명하지 않으면 잘 알지 못한다. 일반 사람들이나 일부 학부모들 눈에는 교사들이 밥 달라고 "찡찡"거리는 걸로 비치는 이유다. 그렇다고 교사들은 상황을 정확하게 아느냐, 하면 또 그렇지도 않다. 최소한 학교 급식법 제4조가 어떤 건지 정도는 알아야 하는데, 몇몇 관심 있는 사람들 빼고는 대부분 잘 모른다. 더 알려는 노력은 생략하고 그저 특정 분야 종사자를 비판하는 것으로 끝나는 경우도 있어 아쉽다고 느낀 적도 많다.

발단은 이렇다. 2020년 코로나19 창궐로 인해 꽤 긴 휴업과 원격 수업이 진행되면서 한동안 학생들이 학교에 나오지 않았다. 학생 없는 학교에서 급식은 불필요해 보였다. 학생 없는 학교에 급식이 없는 건, 처음에는 그렇게 어색하지 않았다. 새 학기를 준비하기 위해 교사들이 출근하는 2월에 학생들은 없다. 그 몇 주간 교사들은 나가서 밥을 사먹거나, 배달 음식을 시켜 점심을 해결했고, 그건 당연하다 생각했다. 항상 그래왔다.

하지만 이번 휴업과 원격 수업은 양상이 조금 달랐다. 학교에 학생이 아예 안 오지 않았기 때문이다. 긴급돌봄 학생들은 계속해서 학교에 나왔다. 비록 소수라 해도 말이다. 그리고 기간이 너무 길었다. 3월 초부터 긴급돌봄학생들이 학교에 나왔으니, 등교개학이 시작된 5월 말, 6월 초까지는 거의 3개월 동안이다. 이렇게 오랫동안 급식이 없었던 적은 없었다.

교육 당국은 휴업 기간을, 방학을 대체한 것으로 보았다. 휴업을 하는 만큼 방학이 줄어드는 것이다. 급식 조리 공무직은 보통 방학에 나오지 않으므로, 휴업 초기에 공무직 급식 조리원은 출근하지 않도록 했고, 그러므로 급식이 없는 것이 한편으로 당연했다. 이때까지는 당연히 급식을 주지 않는다고 누구도 뭐라 하지 않았다. 교사 또한 출근과 재택근무를 번갈아 하고 있었으니 더 그랬다.

문제는 3월 23일 이후, 급식 조리원이 출근하면서부터다. 하루 이틀이나 일주일 정도면 그러려니 할 수 있다. 학생들이 없는데 굳이 그 며칠을 교사 또는 긴급돌봄 학생을 위해 급식을 해달라는 게 오히려 어색하다. 하지만 앞으로 언제까지 학교에 학생들이 안 올지 모르는 상황으로 가고 있었다. 솔직히 매번 배달 음식을 시키거나, 외출을 달고서 외부 식당에서 사먹는 건 불편한 일이다. 비용도 만만찮다. 급식이 엄청 맛있다고 할 수는 없지만 (물론 나는 진심으로 학교 급식이 항상 맛있었다), 가성비로는 누구도 따라오지 못하는 건 사실이다. 대안이 없다면 그 불편함도 참고 견디는 게 크게 어려운 일은 아니다. '찡찡'대지 않을 수 있다. 하지만 이제껏 수백 명, 수천 명의 학생들 급식을 책임져 왔던 베테랑 급식조리원들이 버젓이 학교로 출근하고 있었다. 시간이 갈수록 이해가 가지 않은 것이다. 지금 학교에 교직원들도 출근하고 있고, 긴급돌봄 학생들도 있는데, 왜 급식을 해주지 않는 거지? 급식을 안 해주면 그 분들은 뭐하고 있는 거지? 그런 의문으로 그 분들을 바라보니, 급식실 및 교내 청소와 소독을 하고 계셨고, 그럴수록 더 이해는 가지 않았던 것이다.

교사들이 정말 엄청나게 밥 달라고 찡찡거렸는지는 잘 모르겠지만, 어쨌든 그 '찡찡'거림의 기원은 바로 여기에 있다. 이 교사들의 의문이 그렇게 '찡찡'거린다는 비아냥을 받을 정도로 잘못됐다고 생각하지 않는다. 당연히 들 수 있는 생각들이다. 예컨대 급식조리원들이 학교에 나오지 않고 있거나 정말 조리를 할 수 없는 상황이 있었다면, 애초부터 불만 비슷한 것도 가지지 않는다. 교사들은 그렇게 불만 많은 집단이 아니다. 불만이 오히려 적은 집단이어서 문제라면 문제인 집단이다. 위에서 하라고 하면 다소 억울하고 힘들어도 웬만하면 군소리 없이 한다. 교사 욕하기 좋아하는 사람들은 별로 동의하지 않겠지만 말이다.

그러나 이후 급식조리원 공무직들에 대한 일부 교사들의 비아냥과 그들 노조에 대한 부정적 시선이 늘어난 건 부정할 수 없는 사실이다. 그리고 교사들의 그러한 비판적 시선엔 합리적인 부분도 물론 있었지만, 약간 과한 측면도 있었다고 생각한다.

급식조리원은 왜 급식을 조리하지 않았나

알 만한 사람들은 다 알고, 그에 대한 해석도 다 제각각이지만, 대부분의 사람들은 구체적으로 알지 못한다. 왜 급식종사자는 급식을 하지 않았는지 말이다. 물론 모든 지역이 다 급식을 하지 않은 것은 아니다. 제주도교육청의 경우 3월 초부터 긴급돌봄학생과 교직원들을 위한 급식을 꾸준히 해왔고, 4월 초부터는 서울교육청, 전남교육청, 세종교육청 등에 소속된 학교들은 전부는 아닐지라도 많은 수가 급식을 해왔다. 하지만 대부분의 지역은 등교 개학 전까지 급식을 하지 않았다. 그러면서 문제가 된 건 말도 많고 탈도 많았던, '학교급식법 제4조'의 존재였다. 그게 대체 뭐기에 급식을 할 수 없게 만들었을까? '학교급식법 제4조'는 이렇게 나와 있다.

'학교급식은 … (중략) … 학교 또는 학급에 재학하는 학생을 대상으로 실시한다.'

학교 또는 학급에 '재학하는 학생'을 대상으로 실시한다는 그 한 문장은, 교사들을 위한 급식을 하지 못하게 만들었다. 다소 황당할 수 있으나, 법이란 것을 우리가 얕게 볼 수는 없는 것이다. 그 한 문구가 너무나 마음에 들지 않아도, 그게 법이라면 일단은 따르는 게 맞다. 그러나 법은 때로 해석 싸움이기도 하다. 여기에 또 다른 해석의 여지가 있는 걸까? 있다. 그 다른 해석에 대해서는 다시 살펴보도록 하자.

여하튼, 급식종사자가 급식을 하지 못한 첫 번째 이유는 학교급식법 제4조가 크다. 물론 급식종사자 개개인이 학교급식법을 의식하며 급식 조리를 거부한 건 아닐 것이다. 일차적으로 '전국교육공무직본부'의 '교직원만을 대상으로 한 학교급식 불가 안내'라는 제목의 공문이 보여준 반대 의견이 영향을 끼쳤을 것이다. 그러나 공무직 노조의 다른 갈래인 전국학교비정규직 노조의 경우 "휴업기간이나 온라인 개학 이후 긴급돌봄 학생들을 위한 학교급식 운영 업무를 반대하지 않는다"고 한 것을 보면(오마이뉴스, "급식노동자들 출근하는데 왜 '긴급돌봄' 학교급식 안 될까?", 4월 7일자 기사 참조), 공무직 성원들의 의견이 하나로 통일되어 있다고 보이진 않는다.

이후 공은, 지역 교육청으로 넘어 갔고, 교육청의 노력 여하에 따라 긴급돌봄학생과 교직원을 대상으로 하는 급식을 시행하는 지역이 있는가 하면, 없는 지역도 있었던 것이다. 이때 급식을 시행한 지역도, 학교급식법 제4조를 의식해, 긴급돌봄 학생과 교직원을 대상으로 하는 급식은 '학교급식과 별도로 운영'하라는 이상한 공문을 보내기도 했다. 급식을 급식이라 부르지 못하는 이상한 상황이 연출된 것이다.

학교급식법에 대한 또 다른 해석에 대하여

학교급식법에 대한 다른 해석 첫 번째는, 학교급식법 4조에 나온 학교 급식 대상 규정이 학생을 대상으로 한다고 할 때, 교직원 배제를 의미하는 것이 아니라는 것이다. 학생 급식이 정상적으로 유지되기 위한 필수조건으로 교직원 급식이 당연하게 따라온다는 것이다. 게다가 만약 지금처럼 법 해석을 융통성 없이 해석한다고 하면, 학생만을 대상으로 하는 학교 급식을 교직원은 절대 먹어서는 안 된다. 그런데 여태껏 교직원은 왜 급식을 아이들과 함께 먹었으며, 그에 대한 문제 제기는 한 번도 없었는가?

매우 타당한 지적이라고 생각하지만, 학교급식법에 나온 문구는 너무도 명확하다. 거기에 교직원도 포함시켜야 한다는 당위를 피력할 수는 있지만, 그리고 지금껏 교직원도 함께 먹은 것에 대해서는 어떻게 설명할 것인지 따져 묻는 것은 매우 타당하지만, 교직원이 이미 포함돼 있다고 주장하는 것은 다소 받아들이기 힘들다.

다른 해석 두 번째는, '학교급식법 시행령 2조 2항 9호'에 따라 긴급돌봄 학생 및 교직원 급식이 가능하다는 것이다. '학교급식법 시행령 2조 2항'에 따르면, 학교장이 학운위 심의 또는 자문을 거쳐 학교장 재량으로 '그 밖에 학교의 장이 학교급식 운영에 관하여 중요하다고 인정하는 사항'을 결정할 수 있도록 두었다. 이 시행령에 따라 충분히 융통성 있는 해석이 가능하다고 생각한다. 그러나 대부분의 교육청은 그런 융통성 있는 해석을 하지 않았고, 교육청 산하 학교들은 당연히 교육청의 분위기를 따라가게 되어 있었다.

교직원 급식, 대체 뭐가 그리 힘든가

학교급식법에 대한 해석에는 이견이 있다. 물론 나는 긴급돌봄 학생을 위한 급식은 당연하거니와, 교사만을 위한 급식을 해도 큰 무리가 없다고 보는 편이다. 그러나 법 비전문가인 내가 보기에도 학교급식법은 현실을 반영하지 못하는 측면이 있어 개정이 필요해 보인다. 좀 더 명확하게 그 대상과 범위를 정할 필요가 있다고 생각한다. 따라서 나는 강민정 의원의 학교급식법 개정안이 무척 필요하다고 보는 편이고, 시의 적절하게 잘 나왔다고 생각한다. 강민정 의원의 개정안에는 학교 급식 대상을 기존 '학급에 재학하는 학생'에서 '초·중등교육법' 제23조에 따른 '교육과정에 참여하는 학생과 그 운영에 참여하는 사람'으로 확대하는 것이 포함돼 있다.

지금 현재 '학교급식법'에 학교 급식은 학생을 대상으로 한다고 나와 있으니, 당장은 교직원 급식을 보류하고, 법 개정 후 실시하자는 주장에 나는 충분히 동의할 수 있다. 하지만, 지금 법 개정은 불필요할 뿐만 아니라, 교직원만을 위한 급식은 원칙적으로 옳지 않다는 의견에는 쉬이 동의할 수 없다. 거창하게 말하자면 이건 급식에 대한 철학의 문제인데, 이 철학적 문제가 해결되지 않고서는 법 개정을 하고서도 말이 많을 것이다.

대체 교직원 급식, 뭐가 그리도 힘든 걸까? 반대 논리들을 살펴보자. 〈대한급식신문〉의 2020년 7월 16일자, "학교급식에 교직원 포함? 또 다른 학교급식 몰이해"라는 제목의 기사 글의 내용을 중심으로 정리해보려 한다. 이 기사는, 강민정 의원의 개정안 발의를 설명하면서, 그에 대한 비판적 의견을 중심으로 소개하고 있다.

첫째, 기사에 따르면 "대부분의 학교급식 관계자들은 급식 대상 확대가 학교급식법 목적에 부합하지 않는다는 점에서 반대하고 있다"고 한다. 이는 강민정 의원이 개최한 학교급식법 제4조 개정 관련 토론회에서 "학교급식은 교육이다. 먹는 문제인 동시에 그것을 통해 학생에게 영양 및 식생활 교육을 실천하는 교육의 장"이라며 "학생 없이 교직원만을 위한 급식에는 단순히 먹는 문제만 남게 된다. 이는 교육 활동 없는 매식 현장으로 전락시키는 것으로 무례하기까지 한 요구라는 것을 알아야 한다"라고 한 정명옥 전교조 영양교육위원장(안양 삼성초 영양교사)의 말과 일맥상통한다.

정명옥 위원장은 또 "그동안 교직원이 학교급식을 먹을 수 있었던 것은 교직원이라는 지위가 주는 특별한 혜택이었다"며 "이 혜택이 학생들의 부재로 인해 누릴 수 없게 되었다고 해서 그동안 누렸던 혜택을 지속하고자 학교급식의 본질적 의미와 근본 목적을 왜곡하려는 시도는 매우 비교육적이고 이기적인 발상"이라고 지적했다. (〈에듀인뉴스〉, "학생 없으면 학교급식 멈춰야 할까? … 안 하면 이전 제공 모두 불법 Vs 교육 뺀 매식 현장 만드는 무례한 해석", 2020년 9월 22일자 참조)

언어도단이다. 학교 급식이 교육인 것을 모르는 사람은 없다. 그런데 그 급식 교육에서 가장 중요한 역할을 했던 사람들이 다름 아닌 교사들이었다. 한번 물어보자. 교직원만을 위한 급식을 하면 정말 그 본질적 의미와 근본 목적이 왜곡되고 비교육적이 되는 것일까? 교직원만을 위한 급식을 하는 기간은 학생들이 학교에 나오지 않으니 '교육'이 빠지는 건 맞다. 그런데 학생들이 나오지 못해서 교육을 '못' 하는 것이, 곧 '비교육적인 것'이라 할 수 있을까? 그게 논리적인가? '비교육적'이라는 건 적어도 학생들이 있을 때를 전제한다. 학생들이 나오지 않으니 비교육적이고 싶어도 비교육적일 수가 없는 것이다.

그렇다면 혹시 학생들이 나오지 않는 기간에 교직원만을 위한 급식을 하다가, 학생들이 나오는 등교 개학을 하게 돼 아이들이 급식을 먹게 된다면, 교사들이 기존과 달리 급식 교육을 포기하거나 비교육적 행동을 하게 되는 것일까? 아이들에게 기본적인 급식 예절도 가르치지 않고, 영양가 없는 음식을 먹이고, 음식의 소중함 따위 무시하라고 가르칠까? 교직원만을 위한 급식 기간에 교사들에게 대체 무슨 일이 일어날 거라 생각하기에, 그런 말도 안 되는 염려를 하는 걸까?

정명옥 위원장의 말대로 교직원만을 위한 급식에는 단순히 먹는 문제만 남게 된다. 교육 활동이 빠지게 되는 것도 맞다. 그런데 그게 대체 왜 문제가 되며, 무례하기까지 하다는 건지 도저히 이해가 되지 않는다. 먹는 문제만큼 중요하고 소중한 것도 없다. 교육 활동이 없다고 해서 먹는 문제가 하찮아 지는 게 아니라는 말이다. 아마도 교사들은, 이 시국에 학교에서 밥을 먹을 수 있게 된 것을 다행이라 여기며 감사히 먹을 것이다. 별 감흥 없이 먹는 교사들도 물론 있을 것이다. 그렇지만 다시 한 번 물어보자. 그게 대체 뭐가 문제인가? 단언할 수 있다. 교직원을 위한 급식을 한다고 해서 학교 급식의 본질적 의미와 근본 목적은 절대 왜곡되지 않는다.

둘째, "여기에 자칫 성인인 교직원의 영양과 기호도를 반영한 급식으로 변질될 수 있다는 우려도 나온다. 법상 교직원이 급식 대상으로 명확해지면 교직원 본인들의 기호 등을 고려한 식단을 요구할 수도 있다는 것." 이 또한 너무 지나친 우려다. 대체 교직원들에 대한 불신이 얼마나 깊으면 저런 우려를 할까. 교직원들만 먹는다면 그럴 수도 있다. 교직원 본인들의 기호가 반영될 수도 있고(사실 '교직원'들의 기호라기보다 '어른'들의 기호지만) 그건 차라리 긍정적인 것이다. 무엇보다 먹는 사람이 가장 중요하지 않겠는가. 먹는 사람의 의견을 반영해 식단을 조정하는 게 뭐 그리 큰 문제인가.

하지만 아이와 같이 먹는 음식이라면, 그에 대해서 교직원들이 과연 본인들의 기호를 요구할까? 그렇게 얘기할 교직원들이 얼마나 될까? 교직원들 중 대다수를 차지하는 교사들은, 급식 교육을 하는 주체들이다. 급식이 맛없다고 투덜댈 수는 있겠다. 그렇다고 아이들은 생각하지 않은 채 자신들의 기호대로 해달라고 할 교직원들이 얼마나 될까? 신뢰가 없어도 이렇게 없을 수가 있을까? 솔직히 당사자로서 저런 논리는, 불쾌하다.

셋째, "이번 개정안으로 급식 대상이 확대되면 예산에도 큰 문제가 될 수 있다"는 의견이다. 〈대한급식신문〉에는 이어, "현재 학교급식은 다수의 학생들, 즉 식수인원이 보장돼 급식비 중 식재료비를 제외한 전기 · 가스 · 수도 등의 운영비와 인건비 비중은 낮게 책정되어 있다. 이 때문에 교직원들은 일반 식당보다 훨씬 저렴한 비용으로 친환경·유기농 식재료가 포함된 급식을 제공받을 수 있었다"며, "온라인 개학으로 학생 없는 교직원 급식이 운영되면 결국 공과금과 인건비 등은 세금으로 쓰여질 수밖에 없다"고 경남 한 영양교사의 말을 전했다.

　이 부분에 와서는 논리를 억지로 끌어와 붙이는 수준이다. 특히 전기·가스·수도 등의 운영비와 인건비를 얘기하는 부분에 와서 더 그렇다. 운영비와 인건비가 낮게 책정돼 학교 급식비가 저렴한 건 사실이고, 그만큼 싼 급식비로 여태껏 교직원들이 학생들과 함께 급식을 먹어온 것도 사실이다. 그래, 행운이라 생각한다. 그런데, 교직원만을 위한 급식을 한다고 해서 그 운영비와 인건비가 평소보다 더 나가는가? 평소와 똑같은 전기, 가스, 수도를 쓰는 것 아닌가? 평소 학생들이 있을 때보다 급식의 양이 현격히 줄어드니, 전기, 가스, 수도도 덜 쓰면 덜 쓰게 되지, 더 쓰진 않을 것이다. 인건비는? 인건비는 교직원만을 위한 급식을 하든 안 하든, 계속해서 항상 일정하게 별도로 나가는 부분이다. 교직원만을 위한 급식을 한다고 해서 안 써도 될 인건비가 추가되는 게 있는가? 그 시기, 아예 급식을 안 하게 되면, 급식종사자들은 할 일이 없게 되는데도 불구하고 인건비를 받게 되는데, 그렇게 되면 오히려 인건비가 허투루 나가는 꼴이 된다.

물론 식재료 부분은 좀 다르긴 하다. 학생 급식을 함께 하던 기간에는 식재료 대량 구매를 하기에, 아무래도 단가가 상대적으로 낮을 수 있다. 그러나 소량 구매를 하게 되면 단가가 올라갈 가능성도 많아지는 건 물론이고, 구매 자체가 힘들 수도 있다. 실제로 2학기 들어서, 서울 관내 초등 돌봄 점심 급식 제공이 난항을 겪었는데, 서울친환경유통센터가 마진 등의 이유로 식재료 납품을 거부한 것에서 그 원인을 찾을 수 있었다. 서울친환경유통센터는 서울시 친환경무상급식 등 지원에 관한 조례에 따라 학교 급식 식재료 공급을 위해 설치된 기관이다.

이런 현실적 어려움으로 교직원 급식이 힘들다면 충분히 이해할 수 있다. 그리고 높아진 식재료 단가만큼, 급식비가 올라가는 것도 충분히 감수할 수 있으니 교직원 급식비를 올리시라. 위의 논리들 중 받아들일 수 있는 부분은, 오직 이 부분이 유일하다.

학교 급식의 본질적 의미와 근본 목적은 훼손되지 않는다

강민정 의원이 대표 발의한 '학교급식법 일부개정법률안'에서 개정한 부분은, 오직 학교 급식 대상 부분이다. 다른 부분은 손대지 않았다. 즉 이 법의 취지와 목적은 그대로라는 소리다. '학교급식법 제 1조(목적)'는 이렇게 나와 있다. "이 법은 학교급식 등에 관한 사항을 규정함으로써 학교급식의 질을 향상시키고 학생의 건전한 심신의 발달과 국민 식생활 개선에 기여함을 목적으로 한다."

강민정 의원의 개정안이 통과되더라도, 일부 급식관계자들의 지나친 우려대로(아무리 봐도 지나치다), 학교 급식의 본질적 의미와 근본 목적은 훼손되지 않는다. 교사들 밥 먹고 싶다고 '찡찡'대는 논리에 억지로 끌어들인다는 비난은 듣고 싶지 않아, 여태껏 이 글에서는 언급을 많이 하지 않았지만, 긴급돌봄 학생들에게도 질 좋은 급식밥 먹자. 그리고 교직원들도 그 옆에 꼽사리 껴서 좀 먹게 해 달라. 이 요구가 정말 그렇게까지 과한 요구인가. 밥 빌어먹기 힘들다.

진보지식인 자녀의 특목고 보내기, 위선인가-①

| 유시민을 중심으로

진보 지식인 자녀의 특목고 입학 또는 졸업이 뭐가 문제일까. 대개의 진보 지식인은 특목고에 대하여 부정적이다. 특목고 폐지론자이거나, 적어도 이대로 두어선 안 된다고 생각한다. 또한 진보 지식인은, 부자보다 가난한 자, 기득권 세력보다 사회적 약자 편에 서서 사회를 개혁 또는 변혁해야 한다고 생각하고 발언한다. 다소 거칠게 요약했지만 핵심만 얘기하자면 그렇다. 그런 그들의 자녀가 일종의 현대판 귀족학교라 할 수 있는 특목고에 다닌다는 것은 어불성설이 아닌가. 그런 생각의 흐름은 자연스럽다.

이 문제에 대해 가장 근본적으로 비판적 발언을 해온 사람은, 어린이만화교양잡지 〈고래가 그랬어〉 발행인 김규항이다. 다음의 말이 그의 생각을 압축한다. "보수적인 부모의 교육 목표는 아이가 일류대 학생이 되는 것이다. 진보적인 부모의 교육 목표는 아이가 진보적인 일류대 학생이 되는 것이다."

그는 일찍이, 진보 엘리트들의 위선을 꼬집었다. 시장주의 교육을 욕하면서 제 아이의 시장 경쟁력은 알뜰히 챙기는, 이른바 '강남좌파'들의 위선. 생활수준은 중상류층이면서 의식은 진보적 이념으로 무장했다고 자부하는 그들의 허위의식. 그런 진보 엘리트들의 허위의식은 정말 실재하는가? 실재한다. 그렇다면 누가 있는가? 그런 인물들은 생각보다 꽤 많다. 유시민 전 보건복지부장관의 딸은 용인외고를, 조국 전 민정수석의 딸은 한영외고를, 조희연 현 서울시교육감의 장남은 명덕외고, 차남은 대원외고를, 고(故) 신영복 전 성공회대 교수의 아들은 용인외고를 나왔다. 대라면 더 댈 수도 있다.

위에서 언급한 인물들은 모두 특목고에 대해 비판적 발언을 했거나 평소 사회에 진보적 발언을 적지 않게 해온 사람들이다. 무언가 착잡하다. 이 사람들이 평소 해오던 말들은 무엇이란 말인가. 배신감이 든다. 진보인사라고 하는 사람들 치고 아이를 일찌감치 외국 유학 보내거나 특목고 보내지 않은 사람이 없는데, 당신들

말 순진하게 믿고 경쟁 교육 피하다가 나와 내 아이만 바보 됐다! 이런 원성을 들어도 크게 할 말 없는 것 아닌가.

하지만 한편으론 그런 생각이 들었다. 나는 내 아이가 특목고를 가지 않기를 바라는데, 본인이 간절히 가고 싶다고 하면 어쩔 텐가? 부모의 그 거룩한 신념과 생각을 아이에게 강요해, 못 가게 할 텐가? 그게 과연 올바른 일인가?

물론 나는 위에 언급된 인사들이, 모두 자녀의 간절한 의견을 존중해 마지못해 외고를 보냈다고 생각하지 않는다. 그들을 좋아하고 그들의 말에 많은 영향을 받은 사람들은 이 사실을 애써 무시하거나, 자녀의 의견을 존중해서 그랬을 뿐이라고 편하게 생각하려 한다. 그러나 만약 자녀의 의견을 존중해서 그랬다 하더라도 그들은 최소한 변명 비슷한 거라도 했어야 했다. 혹 자신의 불찰이 있었다면 사과도 마땅히 했어야 했다. 그들은 단순한 사인(私人)이 아니라 공인(公人)이기 때문이다. 사회에 일정한 영향력을 끼치는 지식인, 또는 정책입안자들이기 때문이다. 자신의 사회적 발언에 대한 일관성을 기본으로 갖추고 있어야 하는 사람들이고, 이 경우엔 이 일관성이 의심받기에 충분하다.

하지만 위 네 사람에 한해서 말하자면, 이 사안에 대해 구체적인 언급을 한 사람, 자신의 입장을 밝힌 사람은 조희연 교육감 한 명뿐이다. 조희연 교육감은 출범 초기부터 자사고와 외고 폐지를 직간접적으로 내비쳤다. 그런 그의 아들 두 명 모두가 외고 출신이다. 외고 폐지와 관련해 이중적 행태를 보인다는 비판에 그는 그래도 최소한 이렇게 얘기했다.

"제 아이들이 외고를 나온 것이 비록 과거의 일이고 부모로서 아이들 선택을 존중해줄 수밖에 없었던 면이 있다. 하지만 교육감으로서 공적책무를 다해야 하는 입장에서 매우 무겁고 불편한 사실이 아닐 수 없다. 비판하시는 분들에게 죄송한 마음을 느낀다."(〈두 아들 외고 졸업 조희연 '이중행태' 비판에 "송구합니다"〉, 연합뉴스, 2017년 6월 27일자 기사 참조)

반면, 유시민 전 장관의 경우 2017년 7월 20일 방송된 JTBC 〈썰전〉에서 현 외고, 국제고, 자사고 체제의 문제점에 대해 지적했지만, 자신의 딸이 외고에 간 것에 대한 해명 또는 사과 같은 건 전혀 찾아 볼 수 없었다. 유시민 전 장관은 딸이 외고를 간 것을 밝힌 후, "딸에게 (재학) 당시 '학교 어떠냐'고 물어보면, 딸은 '보내줘서 감사하다. 너무 좋다'고 말했었다"며 "졸업 이후 똑같은 질문을 하니 '없애야 한다'고 말했다"고 이야기했다. 그는 "딸이 '외고가 좋은 학교인 것은 맞지만 왜 일정 학생들만 (교육을) 받느냐. 모든 학생이 (수준 높은) 교육을 받아야 한다'는 투로 말했다"고 밝히며, 딸의 말을 자신의 주장을 뒷받침할 근거로 삼았다.

맥락상 딸이 보내줘서 감사하다고 한 걸 보면, 유시민 전 장관

　　　　　　　　　　　　　　　　　　거침없이 교육

은 딸을 외고에 '보냈다.' 2006년 유시민 전 장관이 국회에서 보건복지부 장관 내정자 인사청문회를 할 때에도, 딸이 오랫동안 독일에 살아 독일어에 재능이 있어 "기숙사비와 식비, 수업료 등으로 한 달에 100만원이 들어 무리가 되지만, 아버지로서 보내야 한다고 생각했다"고 설명한 걸 보면, 그 사실이 더 명확해진다 (〈정형근이 살짝 건드린 '유시민 사상검증'〉, 오마이뉴스, 2006년 2월 7일자 기사 참조). 그는 외고를 가고 싶은 딸의 의견을 존중해 딸을 외고에 가게 한 게 아니라, 아버지의 판단으로 그게 아이에게 더 좋을 것 같아 외고에 '보낸' 것이다.

그는 그런 식의 특목고 체제가 '소수의 학생들만 수준 높은 교육을 받을 수 있게' 한 데에 문제가 있다고 이야기했다. 그래 놓고는 '소수의 학생들만 수준 높은 교육을 받을 수 있는' 외고에 딸을 보냈다. 그 모순된 상황에 대해 그는 일언반구도 없다. 그런 상황이 이해 안 가는 바는 아니다. 누구나 유시민 전 장관과 같은 상황이라면 조금 무리해서라도 아이를 외고에 보내 좀 더 좋은 교육을 받게 했을 것이다. 마침 언어적 특기도 있고 그 특기를 무기삼아 경쟁에서 조금이라도 앞서가길 바라는 마음이 드는 건 부모로서 당연한 일이다. 그러나 다시 말하지만, 그는 한국 사회의 진보지식인이며(물론 그가 '진보'인지에 대한 이견은 있다) 공인이다. 한때(어쩌면 지금도) 아주 잠깐이지만 대선후보로까지

거론되던 사람이다. 보통 사람과 같아서야 되겠는가. 최소한 자신의 모순된 말과 행동에 대해 해명이나 사과라도 했어야 하는 게 아니었을까.

진보지식인 되기 참 힘들다. 진보지식인만 아니었으면 크게 문제될 일도 아닐 텐데 말이다. '진보' 자만 떼면 참 편해질 수 있다. 그들에게 편해지길 권한다.

진보지식인 자녀의 특목고 보내기, 위선인가 - ②

| 조기숙과 전대원의 논쟁을 중심으로

앞에서 나는 진보지식인 자녀의 특목고 입학 또는 졸업이 문제라는 투의 글을 썼다. 꽤 잘 알려진 진보지식인 중 상당수가 자기 자녀를 외고에 보냈고, 조희연 서울시교육감을 제외하고 그에 대해 해명하거나 사과한 경우는 거의 없다고 했다. 그리고 그에 대해 아무런 언급도 없이 속 편하게 특목고 비판을 하는 것은 모순이며 무책임하다고 생각한다. 하지만 이전 글에서 쓴 다음의 물음은 여전히 쉽게 답을 못하겠다.

"나는 내 아이가 특목고를 가지 않기를 바라는데, 본인이 간절히 가고 싶다고 하면 어쩔 텐가? 부모의 그 거룩한 신념과 생각을 아이에게 강요해, 못 가게 할 텐가? 그게 과연 올바른 일인가?"

내가 이 문제에 대해 굳이 따져 묻게 된 이유는, 몰래 즐겨보던 한 선생님의 페이스북 글과, 그에 달린 어떤 인물의 답글 때문이었다. '몰래 즐겨보던 한 선생님'은 전대원 선생님(성남 위례한빛고 교사)이고, 답글을 단 '어떤 인물'은 참여정부 시절 대표적 친노 인물로 분류되던 조기숙 이화여대 교수(전 청와대 홍보수석)였다.

전대원 선생님은 앞에서 내가 제기했던 물음과 비슷한 논조의 글을 쓰셨고(사실 선후 관계로 따진다면, 전대원 선생님이 먼저 글을 썼고, 그와 비슷한 논조의 글을 내가 이어 썼다), 그와 반대 논조의 글을 조기숙 교수가 댓글로 달았다. 조기숙 교수는 너무도 단호하게 "자식이 특목고를 갔거나 갈 생각이면 그런 정책 주장하면 위선"이라고 했다. "자기 자식도 설득 못 하면서 남에게 하라는 건 정책에 영향 미칠 자격이 없"다고 했다. 처음 댓글 내용만 보고는 정말 단순한 논리라고 생각했고, 그 이름을 보고 설마 그 조기숙 교수일 거라고는 생각도 못 했다.

나는 이전 글에서도 썼듯, 위선적으로 보이는 그런 모습이 썩 좋아 보이지 않았고, 최소한의 해명 또는 사과도 없는 진보지식인은 특목고 비판 따위 해서는 안 된다고 생각한다. 일견 조기숙 교수와 같은 생각일 것 같지만, 그렇지 않다. 나는 최소한의 해명 또는 사과가 있다면 그게 용서받지 못할 일만은 아니라고 생각한다. 물론 그 해명과 사과에는 어느 정도의 겸손과 진정성이 담겨 있어야 하겠다. 조희연 교육감 정도의 해명과 사과 정도면 나는 충분하다고 생각한다. (보라. 그 정도도 안 하는 사람이 수두룩하다.)

내가 이렇게 생각하는 이유는, 자식이 특목고를 가는 게 꼭 그 사람의 일관성 없음을 보여주는 건 아니라고 생각하기 때문이다. 그 사람은 여전히 특목고에 대해 비판적으로 생각하고 있고 그런 의미에서 자식이 특목고를 가지 않기를 바랄 수도 있으나, 자식의 결정과 의견을 존중해 보낸 것일 수도 있기 때문이다. 이때 부모로서 강하게 얘기한다면, 얼마든지 자식의 의견을 묵살할 수도 있을 것이다. 하지만 부모의 그 숭고한 이념과 의지 때문에, 자식이 간절히 바라는 어떤 것을 외면하는 것이 과연 올바른 것일까? 정말 쉽게 결정할 수 없는 문제다. 하지만 조기숙 교수는 너무도 단순하고 명쾌하게 이어 나간다.

"자식을 설득할 수 없으면 남의 자식이나 부모도 설득할 수 없다는 건데 그건 공공의 이익을 위한 정책이라고 볼 수 없거나 실현 가능성이 없는 것임을 증명하므로 자신의 정책이 좋지 않은 거라는 증거입니다. 그럼 논객으로나 교육 정책 입안자로서 자격이 부족한 겁니다."

다소 논리 비약이 있다. '자식을 설득할 수 없으면 남의 자식이나 부모도 설득할 수 없다'는 내용이 그것이다. 자기 자식을 설득하는 일, 즉 자기 자식을 교육하는 일과 남의 자식이나 부모를 설득하는 일은 다소 다른 영역의 일이다.

개인적인 경험으로는 교사 자녀를 가르친 적이 몇 번 있는데, 아이의 부모는 교사로서 흠잡을 데가 없었지만(그 말은 곧 '남의 자식이나 부모를 설득하는 일'에도 흠잡을 데가 없다는 말이다) 아이는 상대적으로 흠잡을 데가 있었다. 교사의 성실함과 열정이 그 반 아이들에게는 긍정적으로 작용했지만, 어쩐 일인지는 모르겠으나 그 교사의 자식에게는 적게 작용했다. 그런 사례들을 나는 주변에서 심심찮게 봤다.

자기 자식을 설득할 수 있고 없고의 수준을 넘어 아주 내팽개쳐 버린, 세계적인 베스트셀러 교육서를 쓴 계몽주의 사상가도 있었다. 《에밀》을 쓴 장 자크 루소가 바로 그이다. 한 때 '교육학의 바이블'로도 불리던 《에밀》을 쓴 그는, 자신의 자식 5명을 태어나자마자 모두 보육원에 보내버렸다. 자기 자식을 내팽개쳤으면서도 루소는 《에밀》을 통해 직간접적으로 남의 자식이나 부모에게 끼친 영향은 이루 말할 수 없을 것이다.

물론 이게 옳다는 얘기는 아니다. 루소는 충분히 비판받을 만하며, 자기 자식과 자기 반 아이 모두를 긍정적으로 키워내지 못한 교사이자 부모는 뭔가 아쉽다. 다만 말하고 싶은 것은, 자기 자식을 설득하는 일과 다른 사람들을 설득하는 일은 다소 별개의 영역일 수 있다는 얘기다. 그리고 어떤 경우는, 자기 자식이나 아내는 설득하지 못할지언정, 다른 사람들에게는 굉장한, 긍정적 영향력을 발휘하는 사람도 있게 마련이다.

이어 그는 "서양에서는 속과 겉이 다른 공직자를 가장 싫어합니다. 말과 행동이 따로 노는 사람은 최악이지요"라고 말하는데, 나도 겉과 속이 다르고 일관성 없는 공직자나 지식인을 너무나도 싫어한다. 그리하여 진보지식인들이 자기 자녀는 특목고를 보냈으면서 대외적으로 특목고 비판하는 것에 대해, 그리고 그 모순점에 대해선 일언반구도 없는 것에 대해선 그 위선적인 모습에 치가 떨린다.

그런데 애초에 전대원 선생님이 얘기한 지점은 그게 아니었다. '나는 특목고 (일부) 폐지론자인데, 아이가 간다면 그 뜻은 존중해 허가하겠다'는 것. 이건 조기숙 교수가 얘기한 겉과 속이 다른 것과는 다른 종류의 얘기다. 조기숙 교수가 얘기한 겉과 속이 다른 모습은, 어떤 이가 공적으로 특목고 폐지론을 주장하면서도, 자기 자식만큼은 이 사회에서 좋은 교육 받고 기득권을 갖기를 바라는 마음으로 특목고를 보내는 것이다. '내 의견과 다르지만, 자식인 너의 의견을 존중해 특목고 가는 것을 간섭하지 않겠다'고

하는 것과 그것은 다르다. 이게 겉과 속이 다른, 일관성 없는 모습으로 치부되는 건 온당치 않다.

이어 조기숙 교수는 "자녀는 미성년자일 경우 부모가 그 행위에 대해 책임을 져야" 한다고 했다. 그리고 남편, 부인, 동생 등 성인과는 또 다르다 했다. 예컨대 논란이 됐던 강경화 외교부 장관의 남편이 여행 자제 권고를 무시하고 해외여행을 간 것에 대해, (그것이 여행 금지 조치를 어긴 것이 아닌 바에야) 강경화 장관이 책임질 부분은 거의 없다는 것이다. 동의한다. 나 또한 이 건에 대해 강경화 장관이 잘못했다고 생각지 않는다. 그 남편 또한 자유로운 한 인격이고, 그 인격에 대해 장관의 자리에 있는 사람이 그 배우자라고 할지라도 억지로 못하게 하는 데는 한계가 있는 법이다.

그런데 미성년자 자녀라고 다를까? 미성년자라고 해서, 즉 성인이 아니니깐 '부모가 그 행위에 대해 책임을 진다'는 명목하에 마음대로 해도 되는 걸까? 미성년자의 행위에 대해 부모가 명백하게 책임져야 하는 부분은, 전대원 선생님이 지적했듯, 법적인 부분이다. 부모가 법적인 책임을 져야 하는 부분에서는, 일정 부분 미성년자 자녀에 대한 강제적인 개입도 당연히 필요하다고 본다. 예를 들어 자녀가 다른 이를 때려서 상해를 입혔다면, 적어도 민사상 책임을 지게 되는데, 자녀는 그럴 능력이 없고 아직 미숙하다고 판단하여 부모가 대신 책임을 지게 되는 것이다. 자녀는 자기 잘못을 부모님이 대신 지고 있는 것에 대해 반성해야 하고, 부모는 그 반성을 강요할 권리가 있다.

하지만 자녀가 외고를 가고자 하는 것은 다른 문제다. 자녀가 다른 이를 때리겠다는 의사를 내비쳤을 때 자녀의 의견을 존중한다고 폭력을 허용하는 것과, 자녀가 외고를 가고 싶은 의견을 내비쳤을 때 그 의견을 존중해 외고를 보내는 건 전혀 다른 차원이다. 그 행위가 불법적이고 누구나 인정하는 비도덕적 행위가 아닌 바에야, 우리는 최대한 자녀의 의견을 존중해 주는 게 맞다. 단순하게 말해, 우리는 생각에 차이가 있다고 다른 이에게 내 생각을 강요할 수 없듯, 자녀의 생각을 설득해 보려 노력할 순 있을지언정, 강요할 수 없다. 그건 그 무엇도 아닌, 그저 인권의 문제다.

물론, 자녀가 외고를 가고자 했을 때, 그 비용을 부모가 지불하기 때문에, 그것에 대해 일정 정도 제약을 가할 수는 있다고 생각한다. 비용이 일반 고등학교보다 훨씬 많이 드는 건 사실이기 때문이다. 단순히 자녀의 의견을 존중하는 선에서 끝나지 않는다. 그것과 더불어 부모가 꽤 많은 금전적인 지원을 해야만 끝난다. 그건 아이의 문제이면서 더불어 부모의 문제이기도 하다는 것을 보여준다. 아이의 의견을 무조건적으로 존중할 수 없는 이유가 여기에 있다.

하지만 또 반대로 얘기하면, 현재 우리나라의 현실에서 미성년자 자녀가 스스로 돈을 벌어 학비를 대는 것은 거의 불가능에 가깝다. 부모가 고등학교 교육까지는(현실적으로는 대학등록금을 지원하는 것까지지만) 책임을 지는 게 한편으로는 당연하다. 자녀의 외고 진학 희망은, 자녀에 대한 의견 존중과, 현실적으로 부모가 져야 하는 금전적인 지원 사이 어딘가에서 접점이 이루어져야 하겠지만, 미성년자로서 할 수 있는 게 아무것도 없는 세상에서 아이는 다소 억울할 수밖에 없다. 내 생각과 의견이 존중받았다는 느낌은 전혀 들지 않을 것이다.

나 같으면, 자녀에게 먼저 외고 진학을 권유하진 않겠다. 그렇지만 아이가 외고 진학을 희망할 때, 적어도 그 이유를 물어보고, 그 이유가 특권의식을 키우고자 하는 어떤 것과 닿아 있다면, 아이와 깊은 대화를 나눠 볼 것 같다. 누구나 갈 수 없는 고등학교를 부모의 비싼 등록금 지원을 받아 간다는 것이 어떤 의미인지에 대해서 말이다. 설득 비슷한 걸 해볼 텐데, 만약 설득이 안 된다면, 마지막엔 이렇게 얘기할 것 같다. '아빠의 생각은 이렇고, 아빠는 이게 옳다고 생각하지만, 만약 네가 더 생각해 봤는데도 가고 싶다고 한다면, 너의 생각을 존중해 보내주겠다. 하지만 너는 다른 이들보다 더 특별한 혜택을 받으며 공부했다는 건 항상

생각했으면 한다.'

어떤 이가 보기엔 과하다고 생각할지도 모르겠다. 누구는 가고 싶어도 못 가는 곳을 보내면서 이런 말까지 덧붙이는 게 참 별로로 보일지도 모른다. 하지만 부모에게 이 정도 말을 할 권리 정도는 있다고 생각한다. 내가 실제로 자녀에게 이런 정도의 말까지 군더더기로 붙일지는 모르겠지만 말이다.

"정말 공적으로 특목고가 폐지할 만큼 나빴다면 자녀를 설득했어야 하고, 설득 못했으면 적어도 교육 부총리는 하면 안 되는 거죠." 조기숙 교수의 이런 말 속에 자녀의 독립적 인격(물론 어느 정도는 제한할 수밖에 없지만, 최대한 지켜주려 노력해야만 하는)을 무시하는 생각이 들어있다고 얘기한다면 과한 것일까? 자녀의 생각은 나와 다를 수 있고 그 다름을 존중해야 한다는 당연한 말을 또다시 강조할 필요는 없을 것이다. 그들이 공직에 나가는 것은 신중해야 하는 것이 사실이되, 그렇다고 해서 그 사람의 일관성을 그 하나만으로 판단할 수는 없다고 생각하며 더 세심하게 따져봐야 한다. 진보지식인 자녀의 특목고 보내기, 무엇이 위선인가.

노조와 단체의
갈림길에서

| 교원단체법을 둘러싼 갈등에 대해

교원노조 하면 '전교조(전국교직원노동조합)' 하나만 떠오르던 시대는 지났다. 전교조에서 갈라져 나왔다고도 볼 수 있는 '교사노조연맹'이 빠르게 두각을 나타내고 있다. 한편으로는 '노조'가 아닌 교원 '단체'로서, 또 샛별처럼 떠오르는 곳이 있으니, '실천교육교사모임'이 바로 그곳이다. 이 두 단체, 교사노조연맹과 실천교육교사모임 간의 논쟁이 뜨겁다. 비슷한 지향점을 바라보고 달려왔던 두 단체가, 갈림길에 섰다. 보통 노조에게 주어졌던 노동권, 즉 단결권과 단체교섭권(나머지 하나의 권리인 단체행동권은 교원노조에게는 제대로 허용되지 않는다)이, 노조가 아닌 단체(교원

단체)에게도 주어지면서 문제가 발생했다. 한두 줄로 압축할 수 없는 이 복잡한 논쟁을 제대로 파악하기란 여간 힘든 게 아니다. 각종 생소한 법률안 이름이 나오고 법률 내용이 나올 것이다. 이를 알아보기 쉽게 요약할 의지와 능력이 내겐 없다. 너무 어려우면 그냥 건너 띄시라는 말밖에 할 수 없는 필자를 용서하시라.

다만 나는, 주변인으로서, 이 논쟁 구석들을 돌아보며 느낀 짤막한 단상들을 다소 체계 없이 늘어뜨릴 작정이다. 어디 한 곳에 소속해 제대로 의미 있는 활동 한번 한 적 없는, 자격 없는 이의 무책임한 발언을 다들 너무 귀담아 듣지 않았으면 좋겠다. 논쟁의 대부분이 사실은 페이스북 게시글과 그 댓글을 통해 이루어졌기에, 페이스북을 많이 참고했음을 미리 밝힌다. 페이스북은 이미 공론장이다. 개인의 사사로운 글도 있지만, 공적인 글과 공적인 반론이 적어도 교육담론의 영역에서는 활발하게 이루어지고 있다. 다소 편한 마음으로 페이스북에 나온 논쟁 내용과 관련한 단상을 적어보고자 한다.

사과가 있어야 할 곳은 어디인가

지○○ 선생님이 뜬금없이 실천교육교사모임 회장 정성식 선생님에게 사과를 요구했다. '실천교육교사모임 회장에게 사과를 바란다'라는 게시글을 통해서다. 나는 실천교육교사모임 회장이 무슨 대단한 잘못을 했나 싶었다. 발단은 이렇다. 실천교육교사모임 회장이 올린 글이 문제였다.

'교사노조연맹이 교원단체법안을 반대하는 논리 중 하나로 든 고용노동부 의견은, 정당보다 교원단체 설립을 더 까다롭게 했던 국민의힘 김병욱 의원이 먼저 발의한 법률안에 대한 고용노동부 의견입니다. 그 독소조항을 제거하고 박찬대 의원이 이후에 발의한, 이름만 같은 전혀 다른 법률안을 반대하는 논리로 고용노동부 의견을 이용하고 있습니다.'

지 선생님은 이를 '팩트를 가장한 선동'이라고 했다. 무엇이 문제인가? 해설을 하자면 이렇다. 교원단체법("교원단체의 설립 및 운영 등에 관한 법률안")은 두 가지 버전이 나왔다. 하나는 2020년 6월에 나온 김병욱 의원의 발의 안, 두 번째는 10월에 나온 박찬대 의원의 발의 안. 2020년 12월 현재 국회를 통과하지 않았고 심사의 과정에 있는 법안이다. 실천교육교사모임은 박찬대 안을 밀고 있다. 위의 표현에서 보듯, 김병욱 안은 독소조항을 품고 있다고 여긴다. 김병욱 안에 대한 고용노동부의 의견은 이러했다.

'교원단체의 설립 운영에 관한 사항이 교원노조법에 따른 교원노조와 유사·중복으로 규정되어 법 운영 과정에서 교원단체와 교원노조의 관계 등에 대한 혼란이 초래되고 교원노사관계의 안정성이 저해될 가능성이 높으므로 별도의 법 제정은 신중히 검

거침없이 교육

토할 필요.'

이 고용노동부의 의견은 교사노조연맹이 두고두고 자신들 주장을 뒷받침하는 근거로 쓴다. 그럼 새로 발의된 교원단체법과 교원노조법은 정말 유사·중복되는 면이 있을까? 있다. 바로 '교섭권'이 그것이다. 교사노조연맹은 법적으로 인정받은 교원노동조합이니 당연히 노동권의 하나인 '단체교섭권'을 가진다. 그런데 김병욱 의원의 교원단체법안에도 유사한 권한이 나온다. '제5조 교원의 지위 향상을 위한 교섭·협의'가 그것이다. 통상 '교섭협의권'이라 부르는 그것. 교원노조의 '단체교섭권', 교원단체의 '교섭협의권'은 상당히 유사하며 중복이라 할 만한다. 물론 알고 보면 상당히 다르지만 말이다. 어쨌든 고용노동부의 의견은 이 부분을 짚은 것이다.

그런데 실천교육교사모임이 밀고 있는 박찬대 안에도 '교섭협의권'은 똑같이 나온다. 토씨도 거의 비슷하다. 고용노동부의 의견은 김병욱 안에 대한 것이었지만, 어찌 보면 박찬대 안에도 똑같이 적용되는 내용이다. 그런데 실천교육교사모임 회장은, 고용노동부의 의견은 김병욱 안에 대한 의견이므로, 박찬대 안에 대한 비판 근거로 내세워서는 안 된다고 말하는 것이다. 실천교육교사모임 회장이 지적한 김병욱 안의 독소조항은 이와 관련이 없는데도 말이다.

실천교육교사모임 회장이 일관되게 지적하는 김병욱 안의 독소조항은 교원단체 설립에 대한 내용인데, 교원단체의 설립을 너무 어렵게 만들어 사실상 교총만이 교원단체 지위를 유지할 수 있게 하였다. 실천교육교사모임과 같은 신생 단체는 죽어도 교원단체가 될 수 없는 구조이다. 그 독소조항을 완화하여 교원단체의 문을 열어놓은 안이 바로 박찬대 안이다. 정성식 회장은 이 두 안이 전혀 다른 것처럼 얘기하고 있지만 그 독소조항을 제외하고는, 나머지 내용은 거의 일치한다. (물론 그 독소조항의 유무는 매우 큰 차이다.) 교섭권에 대한 내용도 대동소이하다. 따라서 정성식 회장이 언급하고 있는 부분은 논리적으로 맞지 않다. 지 선생님은 바로 이 부분을 짚은 것이다.

나는 다른 부분의 경우 정성식 선생님의 견해에 공감하는 부분이 많지만, 이 부분에 있어서는 동의하지 않는다. 지 선생님의 지적이 훨씬 설득력 있고, 쉽게 넘길 수 있는 부분을 잘 짚어 줬다고 생각한다. 하지만 지 선생님이 자신의 의견을 밝히면서 쓴 몇 단어들과 소통을 하는 방식에는 전혀 공감하지 못하겠다.

예컨대 '선동'이라는 말은 지나치다. 정성식 선생님의 글이 결과적으로 선동이 될 수도 있겠지만, 사람들을 선동할 목적으로 쓴 글이라는 느낌은 들지 않는다. 생각이 다른 내 입장에서는 다소 논리 비약이 있는 글로 읽힐 뿐이다. '선동'이라는 자극적인 단어를 사용하여 상대방을 선동하는 사람으로 만들면 이후 논쟁이 생산적으로 흘러가기 힘들다. 우리가 흔히 알고 있는 '선동'의 개념을 지 선생님은 너무 넓게 잡은 것 아닌가 싶다.

　게다가 제목에도 나왔듯이, 지 선생님은 '회장이 실천교육교사 모임 회원들과 교사노조연맹에게 진심어린 사과의 글을 올림으로써 교원단체 합법화의 정당성을 회복하기를 바란다'고 했다. 단도 직입적으로 얘기해서, 이게 사과할 일인가? 사과는 상대방에게 잘못을 했을 때, 또는 누군가에게 피해를 준 것이 명백할 때 하는 것이다. 정성식 선생님이 잘못을 했는가? 아니면 누군가에게 피해를 준 것이 명백한가? 의견이 다른 이에겐 그것이 잘못으로 보일 수 있고, 누군가에게 피해를 준 것으로 볼 수도 있다. 그런데 그렇게 하기 시작하면 의견이 다른 모든 사람들은 상대방에게 잘못을 했고 피해를 준 셈이 된다.

　그저 의견이, 생각이 다를 뿐이다. 나는, 그리고 지 선생님은 동의하지 않지만, 누군가는 정성식 선생님의 의견에 동의한다. 어쨌든 다른 법률안이 나왔고, 그 법률안에 대한 고용노동부 의견이 아직 따로 나온 게 아닐진대, 고용노동부의 의견을 똑같이 적용하는 게 문제라는 지적에 (크게 동의하지는 않지만) 일말의 합리성이 있다고 생각한다. 생각이 다르다고 상대방에게 사과해야 하는가? 정성식 선생님 말대로, '지 선생님 판단이 있다면 그 생각을 적으면 될 일'이다. 지 선생님은 본인의 바람과는 정 반대로, 맥락에 맞지 않는 사과를 요구함으로써 논쟁에 불필요한 감정을 소비하게 만들었다. 생산적인 논의로 끌고 갈 수 있는 순간을, 아쉽게도 날려버렸다.

시행령은 되고 법률은 안 된다?

논란의 와중에 있는 것 중 하나가 시행령 논란이다. 교육기본법 제15조 2항에 따라 '교원단체의 조직에 필요한 사항은 대통령령으로' 정할 수 있는데, 대통령령, 즉 시행령이 20여 년째 만들어지지 않아 기존에 있던 교총 외에 새로운 교원단체가 생길 수 없는 구조로 돼버렸다. 정부의 직무유기다. 이번에 발의된 김병욱 안, 박찬대 안 모두, 당연히 '시행령'이 아닌 '법률'이다. '시행령'에서 언급하기로 한 '교원단체 조직에 필요한 사항'을 '법률' 차원에서 다루기로 한 것이다. 발의된 법률들은 모두 교원단체 조직에 필요한 사항이 구체적으로 명시돼 있다. 다만 김병욱 안은 그 설립을 굉장히 까다롭게 만들었고, 박찬대 안은 상대적으로 열려 있다. 이 법률로 인해 '교육기본법 시행령'을 굳이 만들 필요가 없고, 교육기본법 제15조 2항은 삭제되게 될 것이다.

이게 무슨 문제인가 싶겠지만, 두 단체에겐 큰 문제로 다가왔다. 특히 교사노조연맹에게 말이다. 여기서 중요한 쟁점으로 다가온 것이 바로 '교섭권' 부분이다. 위에서 얘기했듯, '단체교섭권'은 노동기본권 중 하나이며, 보통 노동조합을 통해 권리가 실현된다. 그런데 이 교섭권과 유사한 '교섭협의권'이 이번 교원단체법, 즉 시행령이 아닌 법률에 들어가 있어, 교원단체가 법률 차원에서 그 교섭협의권을 누리게 된다는 것이다. 그 동안 노동조합의 '교섭권'과 교원단체의 '교섭협의권'이 중복·충돌하게 되고, 노동조합의 노동권을 침해하게 된다는 것이 교사노조연맹의 논리다.

일부 수긍되는 측면이 있다. 노동 3권 중 하나인(교원에게는 단체행동권이 없어 노동 2권이지만) 단체교섭권은 노동자의 권리이면서 현실적으로는 노동조합의 권리이다. 헌법에 그 권리를 노동조합만 누리라는 조항이 없기에 다른 단체도 그 권리를 가질 수 있다고 얘기하는 것은, 노동자가 노동조합을 만들어 노동기본권을 힘겹게 쟁취한 장구한 역사를 너무 가볍게 여기는 것이라 생각한다. 교사노조연맹 측에서, '그럴 거면 노조를 만들라'고 하는 게 실천교육교사모임 측에서는 고깝게 들릴 수도 있겠지만, 원론적으로는 맞는 말이다. 교섭권을 사용하려면, 노동조합에 들어가거나, 노동조합을 만들면 될 일이다.

그런데 여기서 짚고 넘어갈 것은, 노조의 '교섭권'과 단체의 '교섭협의권'이 정말 같은 것인가, 하는 점이다. 결론부터 얘기하자면, 같지 않다. 같지 않은 걸 계속 같다고 전제하고 얘기하니 교사노조연맹의 주장은 겉돌 수밖에 없다.

둘 간의 가장 큰 차이는 강제력이 있는가, 없는가이다. 만약 노동조합이 단체교섭을 요구할 때 사용자가 교섭에 성실하게 응하지 않고 정당한 이유 없이 거부한다면 사용자는 부당노동행위로 처벌을 받게 된다. 단체교섭을 통해 노동조합과 사용자가 서로 합의하여 체결한 내용을 단체협약이라고 하는데, 이 단체협약 또한 지켜야 하는 의무조항이며 이행하지 않을 시 벌칙 조항이 있을 만큼 강제력이 있다. 그에 반해 교섭협의권은 어떨까? 교원단체법에는, 교육당국은 교섭에 성실히 임하여야 하고, 합의서의 내용이 성실히 이행될 수 있도록 노력하여야 한다는 조항만 있을 뿐, 강제 이행 조항은 없다. 즉 둘 간에는 강제력에서 현격히 큰 차이가 발생하는 것이다. 노조의 단체교섭권과 단체의 교섭협의권이 충돌할 시 법적으로 단체교섭권이 우위에 있는 것은 너무도 명확하다. (다만, 이미 단체의 교섭협의권으로 합의가 끝난 사안에 대해서, 노조가 반대 입장으로 교육당국과 교섭을 한다고 했을 때를 굳이 가정한다면, 쉽지는 않을 개연성을 생각해 볼 수는 있겠다.)

이미 이곳저곳에서 언급된 이런 큰 차이에 대해서 교사노조연맹은 명확히 언급하지 않는다. 2020년 11월 8일 발표한 〈교사노조연맹이 교원단체법과 관련하여 교원 3단체에 드리는 글〉에서도, 사실상 현재까지는 마지막 공식 입장표명인 2020년 11월 9일

〈'교원단체의 설립 및 운영 등에 관한 법률안' 철회하라〉는 제목의 성명서에서도 관련 언급은 없다.

게다가 교원단체의 교섭협의권은 이번 발의안인 교원단체법에 처음 나온 내용이 아니다. 이미 '교원의 지위 향상 및 교육활동 보호를 위한 특별법'(이하 '교원지위법')이라는 별도 법률에 1991년도부터 존재해 왔다. 다시 말하자면, '교섭협의권' 자체가 '시행령'이 아닌 '법률'에 이미 오래전부터 존재해 왔었다. 다만 교육기본법 제15조 2항에 따른 시행령 제정 미비로, 교원단체 지위는 오직 기존 교총만이 독점해 왔었고, 따라서 교총만이 이 교섭협의권을 사용할 수 있었던 것이다. (그 30년 동안 교총의 교섭협의권이 특별히 문제 된 적은 없었던 것 같다.) 교사노조연맹은 이 교섭협의권을 문제 삼으면서, 교원단체법과 같은 '법률'이 아니라, 교육기본법 아래 원래 제정하려 했던 시행령을 만들어 교원단체의 진입 장벽을 낮추고 교원단체 지위를 얻어 전문성 향상과 사회적 역할 확대를 위해 활동을 하라고 한다.

여기서 교사노조연맹은 입장을 좀 더 명료하게 할 필요가 있다. 교원단체법 법안을 철회하고 교육기본법 시행령을 제정하여 교원단체 조직에 관한 내용만 추가하면 되는 것인가? 그렇다면 교원지위법 상 살아 있는 '교섭협의권'은 어떡할 것인가? 시행령을 제정하고 교원지위법은 그대로 둔다면 교원단체들이 교섭협의권을 사용할 수 있어, 어차피 결과는 교원단체법이 통과되는 것과 똑같은 것이 되고 만다.

교사노조연맹은 교원지위법을 긍정하지 않는다고 했는데(〈교사노조연맹이 교원단체법과 관련하여 교원 3단체에 드리는 글〉), 그렇다고 이 '법률'을 어떻게 하겠다는 계획을(예컨대 헌법소원을 한다든지) 내놓지도 않았다. 또, 엄민용 교사노조연맹 대변인이 '새로운 법률안을 제정하는 것은 반대한다'며 "헌법 21조는 결사의 자유를 보장하고 있다. 차라리 교원단체의 설립은 신고로서 가능하게 하고, 설립 신고한 단체는 당연히 교섭·협의권을 보장하는 것이 타당할 것"이라고 한 모순적인 발언(〈"교원 단체 설립 등은 시행령 아닌 법률로" Vs "다른 단체 진입 막는 정치적 처사"〉, 에듀인뉴스, 2020.07.22.)에 대해서도 딱히 언급이 없다. 교섭협의권도 시행령 수준에서 하라는 건지, 아예 없애라는 건지도 명확하지 않다. 교사노조연맹은 자신들의 입장을 좀 더 명확하게 할 필요가 있다. 정리가 안 된 느낌이다.

교사노조연맹은 어쨌든 시행령에 크게 집착하고 있다. 법률은 안 되고 시행령을 제정하라고 한다. 법률과 시행령은 전혀 다른 위상을 갖고 있고, 교원단체의 교섭협의권이 법률 수준에서 보장되면 교원노조의 노동기본권인 교섭권이 침해받아 문제가 된다는 게 핵심인 것 같다. 그러면서 이렇게 말한다.

"혹자는 법률로 하던지 시행령으로 하든지 별 상관이 없다고 말하지만, 전교조가 법에 의거하지 아니하고, 시행령에 의해 '노조 아님'을 통보받았기 때문에 '노조 아님' 통보가 무효라는 대법 판결이 말해주듯이 법과 시행령(대통령령)은 전혀 다른 지위와 위상을 갖습니다."(〈교사노조연맹이 교원단체법과 관련하여 교원 3단체에 드리는 글〉)

하지만 이는 시행령을 하찮게 보이게 하기 위해 다소 근거를 부적절하게 댄 것이다. 전교조의 '노조 아님'(정확히는 '법외 노조') 통보가 무효라는 대법 판결은, 전교조의 '노조 아님' 통보가 단순히 시행령에 근거했기 때문이 아니다. 노동조합법 시행령의 '법외 노조 통보 제도'가 법률(즉, 상위법인 '노동조합법')에 근거하지 않았다(법률유보원칙)는 대법원의 판단이 있었기 때문이다. 시행령이 법률에 근거하지 않았다고 판단될 경우 법률유보원칙(시행령은 법률에 근거해야 한다!)에 따라 대법원은 시행령에 따른 정부 집행을 인정하지 않을 수 있다. 하지만 이는 반대로 말하면, 법률에 근거한 게 명백한 시행령의 경우는, 특별히 그럴 일이 없다는 말과 같다. 대부분의 시행령은 법령으로서 정당하게 효력을 발휘하며, 강제조항이 있다면 그 효력 또한 법률과 크게 다르지 않다.

물론 시행령은 불안하다. 법률에 비해 재개정이 쉬워 정부정책의 방향에 따라 쉽게 바뀌기도 한다. 여기서 교사노조연맹에 물어보고 싶은 것은 이런 것이다. 교사노조연맹은 교원단체와 관련한 법령이 시행령 수준에서 제정되길 원하는가? 주장하듯이, 법률에 비해 현격히 낮은 지위와 위상을 갖고 있는 시행령으로? 교원단체의 발전을 바란다는 교사노동조합의 말과 무언가 모순되는 느낌이다.

이것저것 정리 안 되는 느낌은 있지만, 교사노조연맹이 바라는 것은 아마도, 교육기본법 상 시행령을 제정하여 교원단체의 설립에 관한 내용을 추가하고, 교원지위법에 있는 '교섭협의권' 관련 내용은 삭제하는 것일 터이다. 하지만 이는 현재 실천교육교사모임에겐 굉장히 무리한 요구다. 그동안 교사노조연맹이 30년동안 큰 문제없이 있어왔던 교섭협의권을 문제 삼고 재개정, 혹은 폐지 운동을 벌였거나, 지도부 중 상당수가 속해 있었던 전교조에서 법이 태동한 초창기를 제외하고는 마찬가지로 재개정, 폐지 운동을 벌인 적은 없었다. 그러한 반대 의견이 계속해서 있어 왔다면 실천교육교사모임 측에서도 그것을 고려해 대안을 마련했을 것이다.

실천교육교사모임 측은 여러 대안을 마련 중에 현재의 박찬대 안을 만들기 위해 노력했고, 이 법안을 만들기 전에 교사노조연맹 측에도 의견을 구한 걸로 알고 있다. 강제력 없는 교섭협의권 조항이 들어가는 것은 큰 문제없을 것 같다는 김용서 교사노조연

거침없이 교육

맹 위원장의 답을 들은 후 법안 마련에 들어갔고, 발의되기 전 법안 파일을 미리 보내 검토의견까지 구했는데, 답이 없었다고 정성식 실천교육교사모임 회장은 전한다. 이와 관련하여 정성식 선생님은 페이스북으로 김용서 위원장에게 공개토론을 제안했다. 만약 이 전개과정이 사실이라면, 교사노조연맹은 지금 굉장히 무리한 요구를 하고 있는 것이다. 정성식 선생님의 공개토론 제안에 수일째 교사노조연맹은 답이 없다. 실천교육교사모임 측의 일방적 주장일지도 모른다. 교사노조연맹의 답변을 기다린다.

교감, 교장, 장학사는 사용자가 아닌가

교사노조연맹의 우려가 일부 이해되는 측면도 있으나, 전체적으로는 다소 과하다고 생각한다. 그러나 실천교육교사모임의 입장을 지지하는 분들의 글 중에서는 '관리자와 교육청은 교사의 적이 아니다'라는 류의 글도 심심치 않게 보이는데, 굉장히 안이한 인식이라 생각한다는 이민동 선생님(청명고등학교 교사)의 의견에 동의한다.

〈학교 내부자들〉을 지은, 이 시대의 존경할 만한 관리자 박순걸 교감 선생님은, 페이스북 실천교육교사모임 광장에 올린 글 일부에 이런 이야기를 했다. '저는 월급을 주는 사람이 아니라 주는 월급 받고 사는 사람이고, 더구나 교육부나 교육청에서 지시

하는 대로 따라야만 하는데 제가 왜 노조에서 말하는 '사용자'인 지도 솔직히 잘 모르겠습니다.'

그렇다. 우리가 노동자라고 할 때, 보통 '임금 노동자'를 상정한다. 월급을 받고 일하는 사람은 대개가 노동자인 건 맞다. 그러나 임금을 받는다고 해서 누구나 다 노동조합에 가입할 수 있는 노동자라고 한다면, 일반 기업에서는 왜 보통 '과장급' 이상부터 노동조합에 가입할 수 없게 했을까? 과장은 물론 차장, 부장, 심지어 임원들도 임금을 받는데 말이다.

그 이유는, 사용자라 함은 박순걸 교감선생님이 얘기하듯 단순히 '월급을 주는 사람'만을 의미하는 건 아니기 때문이다. 노동법상으로는 사업주 또는 사업의 경영담당자 기타 근로자에 관한 사항에 관하여 사업주를 위하여 행동하는 자(근로기준법 2조, 노동조합 및 노동관계조정법 2조)까지도 사용자로 본다.

물론, 교육계를 일반 기업과 똑같은 방식으로 생각할 순 없을 것이다. 그러나 교육계라 해서 모든 구성원들이 수평적인 관계하에 살아가지 않는다. 크게 보면 위아래가 확실한 관료제에 기반하여 조직되어 있고, 이는 일반 기업의 조직 형태와 유사한 측면이 있다. 임용을 한 임용권자가 분명히 있고, 그 임용권자들의 지휘·명령에 따라 우리 평교사들은 움직인다. 사용자가 노동자를 고용하고, 사용자의 지휘·명령에 따라 사원들이 움직이

거침없이 교육

는 것처럼 말이다.

노동법상 사업주에 해당하는 것이 교육조직에서는 임용권자일 텐데, 교육부장관, 교육감, 교육장 정도가 될 터이다. 사업의 경영담당자, 사업주를 위하여 행동하는 자는 장학관, 연구관, 장학사, 연구사, 그리고 교장, 교감이 해당될 것이다. 이건 실제 교육 현실에서 어느 정도 설득력 있는 구분으로 나타난다. 사용자의 부당한 지휘·명령에 노동자가 항의하듯, 평교사는 교육청과 관리자의 부당한 지휘·명령에 항의한다. 평교사가 학교 현장에서 일상적으로 겪는 부당함과 억울함의 태반은, 관리자의 권위적인 태도와 부당한 지시, 교육청의 부적절한 업무 지시와 과도한 사업 추진 등에서 나온다.

박순걸 교감선생님과 같은 훌륭한 관리자가 있다는 건 행운이지만, 그리고 그런 분들이 의외로 많다는 것도 알지만, 여전히 소수다. 그런 개별적 사례로 우리는 관리자, 교육청과 매번 협력적 관계를 유지할 수 있다거나, 노동자와 사용자의 이분법적 구분은 낡았다며 비아냥댈 일은 아니라고 생각한다. 전통적인 이분법에 갇힐 필요는 없지만, 먼저 실제 현실의 권력관계가 어떤 방식으로 작동하는지를 파악하는 게 더 우선이다. 상대방을 위한 반대에 몰두하여, 혹은 몇몇 소수의 사례에 함몰되어, 그동안 있어왔던 부당한 현실관계를 왜곡하지는 않았으면 한다.

실천교육교사모임에 들어올 정도의 관리자라면, 보통의 관리자는 아닐 것이다. 교육에 대한 열정이 아직 식지 않았고, 눈을 낮은 곳에 돌리려 계속 애쓰는 분들일 터이다. 하지만 실천교육교사모임의 정체성을 분명히 하지 않으면 어느새 높은 분들이 자기들의 입맛에 맞게 단체를 변화시키려 할지 모른다. 기우라는 것, 안다. 그러나 그런 염려를 너무 무시하진 않았으면 좋겠다. 아무역할도 하지 않지만, 나름대로는 애정을 갖고 있는 실천교육교사모임의 일개 한 회원의 염려다.

솔직함, 그 허무주의에 대하여

수요일밴드로 유명한 박대현 선생님은 교사노조연맹이건 실천교육교사모임이건 좀 솔직해지자고 한다. 회원확보, 권력욕, 명예욕, 그런 것들이 밑바탕에 깔려 있는 것 아니냐고 말한다. 밑바탕에 그런 저의들을 깔고 있으면서 아닌 척, 교육을 위해 그러는 것처럼 위선 떨지 말라는 말로 들린다.

솔직한 것, 좋다. 위선에 대한 혐오, 좋다. 하지만 과하면 그것은 강박적 냉소가 버무려진 허무주의로 흐르고, 허무주의는 실제로 우리 삶에 아무런 도움도 주지 못한 채 다른 이에게 생채기만 낸다. 권력욕과 명예욕이 사람들을 움직이는 큰 원동력인 것도 부정할 수 없는 현실이지만, 모든 사람들이 마치 그것만으로 움직인다고 생각한다면 현실을 제대로 보지 못하는 것이라고 생각한다. 생각보다 사람들은 자신의 신념과 이념에 따라 움직인다. 자신의 생각과 논리가 합리적이라고 생각하고 내가 옳은 일을 한다는 믿음이 안에 쌓이면, 상대방의 이야기는 들리지 않고 상대방을 이기적인 존재로 단정해 버린다.

나는 교사노조연맹과 실천교육교사모임 측 사람들이 회원확보, 권력욕, 명예욕에 의해서만 움직였다고 생각하지 않는다. 그들 마음 속 깊은 곳에 그런 욕망이 어느 정도 도사리고 있을 수 있겠지만, 상당히 많은 부분 교육과 노동에 대한 순수한 열정을 갖고 말과 행동을 했을 거라 생각한다. 그 열정을 존경한다. 그러나 한편으론 열정이 문제다. 열정을 내려놓고 상대방 주장을 차근차근 살펴볼 때다. 쉽지 않은 일이다.

일기 검사는 인권침해라는 오해와 편견에서 벗어나기

| 일기 검사는 인권침해인가 ①

2005년 국가인권위원회가 일기검사는 인권 침해 소지가 있다는 취지의 결정서를 발표한 이후, 선생님들은 불만은 있을지언정, 대체적으로 그 큰 틀에는 대부분 동의하는 것 같다(적어도 마지못해서라도, 인정한다). 인권과 인권교육에 관심을 가지는 많은 선생님들 또한 일기 검사는 인권침해라는 기존의 인식 틀에서 크게 벗어나지 못하는 것 같다. 하지만 단적으로 이야기해서, 나는 일기 검사는 인권 침해가 아니라고 생각한다.(사실 '검사'라는 단어가 썩 마음에 들지는 않는다. 그 단어는 마땅히 '일기 쓰기 지도'로 바뀌어야 한다. 그러나 논의를 위해 일단은 '검사'라는 단어를 쓴다.)

거침없이 교육

국가인권위원회의 권고나 일기 검사에 반대하는 의견에서, 일기 검사와 관련하여 가장 큰 쟁점이 되는 부분은, 그것이 학생들의 '사생활의 비밀과 자유'를 침해하느냐 여부다. 침해한다면 인권침해요, 침해하지 않는다면 인권침해가 아니라고 봐도 무방할 것이다. 나는 일기 검사가 생활지도와 글쓰기 지도 면에서 무수히 많은 장점이 있으므로, 그런 인권침해 요소(사생활의 비밀과 자유를 침해하는 것)가 있음에도 일기 검사는 유지되어야 한다고 주장할 생각은 없다. 무수히 많은 장점에도 인권침해 요소가 단 하나라도 있다면, 그것은 다시 생각해 봐야 한다고 생각한다. 인권을 소홀히 여기지 않는다. 인권은 소중하다. 그러니까 사실 나는, 일기 검사에는 인권침해 요소가 없다고 생각하는 것이다. 다시 말해, 일기 검사를 한다고 해서 '사생활의 비밀과 자유'가 침해받는다고 생각하지 않는다.

　이렇게 단호하게 인권침해가 아니라고 얘기하는 것이 사람들은 의아하게 느껴질지 모르겠다. 하지만 그것이 인권침해가 아닌 이유는 생각보다 분명하고 명확하다. 사람들이 일기 검사가 인권침해라고 오해하는 까닭은, '일기'라는 단어의 개념상 혼동과 관련이 있다. 대부분의 사람들이 생각하듯 '일기는 겪은 일, 생각, 감정을 오롯이 담아놓은 개인의 사적인 기록'이다. 따라서 일기는, 다른 사람에게 공개하지 않는 것을 전제로 쓰여 진다. 본래적 의미의 일기는 그렇다. 그런데 학교에서 작성하는 일기는 어떤가? 학교에서의 일기는, 적어도 선생님이 보는 것을 전제로 쓰게 된다. 선생님에게만은 공개되는 글이다. 그러다 보니 내밀한 고백의 글쓰기인, 본래적 의미의 일기와는 다르다. 학교에서 쓰는 일기는, 다시 말하지만 본래적 의미의 일기는 아니며, 다르게 표현하자면, '생활 글' 정도가 될 것이다.

본래적 의미의 '일기'와 학교에서 쓰는 일기인 '생활 글'이 정말 차이가 없다고 보는가? 명확한 차이가 있다. 다시 정리하자면, 본래적 의미의 '일기'는 선생님을 포함해 다른 이에게 공개하지 않는 걸 전제로 쓰지만, 학교 일기인 '생활 글'은 적어도 선생님한테는 공개하는 걸 의식하며 쓴다. 그것은 일종의 과제인 것이다. 학교에서는 '일기(생활 글) 써오기'를 과제로 내주고, 선생님은 그 과제를 '검사'하는 것이다. 여느 과제를 검사하는 것과 넓은 관점에서 보면 크게 차이가 없다. '수학익힘책 풀어오기' 과제를 내주고 검사하는 것과 별 차이가 없는 것이다. (물론 일기 쓰기가 과제가 되면 안 된다는, 글쓰기 지도를 하시는 선생님들의 관점과 방향성에 동의한다. 일기는 다른 과제와 같은 식으로 접근하면 안 되는 측면이 있다. 하지만 그것은 지도 방법의 변화로 보완해야 할 부분이지, 선생님이 쓰라고 한 후 걷어서 검토한다는 점에서 근본적으로 과제의 성격을 지니고 있는 걸 부정할 순 없다.)

거침없이 교육

'강제로 써오게 하는 건 문제가 있는 것 아니냐'고 할 수 있는데, 모든 과제는 어느 정도의 강제성이 수반된다. 해오지 않았다고 해서 체벌을 하거나 그 외 신체적, 수치심을 주는 벌을 주는 것이 문제이지, 과제를 내 주고 해오라는 것 자체가 문제라고 할 수는 없다. '수학익힘책 풀기' 과제를 내주고 그 결과물을 검사하여 채점하는 것을 가지고, '왜 강제로 수학익힘책을 풀어오라고 하느냐' 또는 '왜 아이가 사적으로 풀어온 것을 확인하고 검사하느냐'고 항변하는 사람은 없다.

일기 검사가 인권침해가 되려면 이런 상황이어야 한다. 즉, 아이가 학교 과제로 일기를 쓴 게 아니라, 애초부터 아무에게도 공개할 생각이 없었던 나만의 '진짜 일기'가 있다고 가정하자. 그런데 선생님이 그 아이에게 일기 지도를 하겠다고 강제로 빼앗고 그 '진짜 일기'를 읽었다고 치자. 이런 상황이 명백히 아이의 '사생활의 비밀과 자유'를 침해한 것이다. 왜냐하면 아이는 애초부터 공개할 의지와 생각이 없었는데 억지로 공개한 것이기 때문이다.

이런 상황도 보자. 평소 학교 일기(생활 글)는 선생님한테만 공개되는 것을 전제로 하고 쓴다. 그리하여 아이는 학교 일기(생활 글)에 선생님만 보라고 나름의 비밀을 털어놓았다. 그런데 그 비밀 일기를 아이의 동의도 받지 않고 선생님이 아이들에게 읽어주었다. 이 또한 아이의 '사생활의 비밀과 자유'를 침해한 것이다. 마찬가지로 아이는, 다른 친구들에게는 이 글을 공개할 생각이 없었는데 공개해버렸기 때문이다.

차이가 보이시는가? 학교 일기(생활 글)는, 애초부터 선생님에게는 공개할 것을 전제로 하고 쓰기에 그 글을 선생님만 본다면 크게 문제되지 않는 것이다. 만약 학교 일기(생활 글)가 문제된다면, 국어 교과서 또한 문제며 인권침해 요소가 있다. 2020년 현재 5학년 2학기 국어㉮ '4. 겪은 일을 써요' 단원에는 '겪은 일이 드러나게 글쓰기' 부분이 있다. 우리가 흔히 말하는 일기에도 보통 내가 겪은 일을 쓴다. 관련 단원의 내용을 구체적으로 살펴보면, 사실상 일기를 쓰는 것과 다를 바가 없다. 그런데 교과서에는 한 발 더 나아가, 짝과 글을 바꾸어 읽고 의견을 주고받는 부분까지 나오는데, 이거야 말로 완벽한 인권 침해 아닌가? 내 글을 왜 다른 친구와 바꾸어 읽으라고 하는가? 내 '사생활의 비밀과 자유'는?

하지만 위 교과서의 상황이 인권침해가 아니라는 데에 모두가 동의할 것으로 안다. 왜냐하면 그 글쓰기 과정이 애초에 다른 친구에게 공개할 것을 전제로 하여 이루어졌기 때문이다. 이렇듯 '사생활과 비밀의 자유'는, 아이가 글을 공개할 의지가 있었는지 없었는지의 여부가 중요하다. '일기'라는 단어에 함몰 돼, 뭐가 인권 침해인지 다들 헷갈려 하면서, 지금까지 애꿎은 곳에 인권

침해의 낙인을 찍어 왔다.

서울경기글쓰기교육연구회의 한재경 선생님(고양 도래울초)을 따라, 나는 학급에서 '마음공책'이라는 것을 쓴다. 솔직히 말해, 기존 '일기'라고 불리던 것과 크게 다르지 않다. 자신의 삶을 돌아보고 반성하며, 내가 겪거나 인상 깊었던 일을 쓴다는 면에서는 마찬가지다. 물론 다른 점도 여러 가지가 있는데, 그 중에 하나는, 아이들의 글을 모두와 나눈다는 점이다. 아이들의 글 하나하나를 담임교사인 내가 다른 아이들 앞에서 읽어준다. 이런, 대체 무슨 큰 일 날 일인가? 인권 침해도 이런 인권 침해가 있나?

하지만 뭐가 인권침해인지, 다시금 곰곰이 생각해 볼 일이다. 읽히길 원하지 않는 아이들은 글에 '비밀'이라고 써 놓으라고 하고, 그 아이들 글은 절대 읽어주지 않는다. 다른 친구들 앞에서 읽어 줘도 괜찮다고 한 아이들 글만 읽는다. 이렇게 글 나눔을 하면 어떨 것 같은가? 아이들이 부끄러워서 점점 '비밀 글'을 많이 쓸 것 같은가? 아니다. 되려, '비밀'을 써 놓은 아이들 수가 줄고, 읽어주길 바라는 아이들 수가 거의 대부분이 된다.

아이들은 내 글이 나오는 순간을 기다리며, 그 순간 그 아이의 눈은 초롱초롱해진다. 다른 아이들 또한 우리 반 또래의 이야기이니 귀 기울여 듣는다. 그리고 서로 공감하며 울고 웃는다. 어떤 아이가 라면을 먹었다는 이야기에선, 어떤 라면을 먹었는지 궁금해 하며 다들 내가 좋아하는 라면을 이야기하기 바쁘다. 어떤 아이가 집에서 공부 안 한다고 혼난 이야기에서 너도 나도 부모님께 혼난 이야기하기 바쁘다. 어떤 아이가 학원을 여러 개 다녀 학원 숙제하기 힘들다는 이야기에선, 너도 나도 내가 다니는 학원은 무엇이며 어떤 숙제들을 하는지, 숙제 때문에 힘들다는 하소연을 쏟아놓는다. 너의 이야기가 나의 이야기가 되며 어느새 서로를 위로한다. 삶을 나누고, 삶을 가꾼다. 이게 정녕 인권침해인가?

국가인권위원회가 놓치고 있는 것들

| 일기 검사는 인권침해인가 ②

앞의 글에서는 '일기 검사는 인권침해가 아니다'라는 주장을 내 나름의 논리를 펼쳐 다소 단정적이고 강한 어조로 풀어 썼다. (비록 단정적이고 강한 어조이나, 필자의 의견이 틀릴 가능성은 언제나 있다고 생각한다. 이견이 있으신 분은 언제든, 어느 곳에서든 반론 부탁드린다.) 이번에는 조금 톤을 낮춰 차분하게, 처음 논란을 제공한 국가인권위원회 보도자료를 살펴보고자 한다.

국가인권위원회가 일기 검사와 관련해서 처음 의견을 표명한 건 2005년 3월 25일, '초등학교 일기장 검사관련 의견' 결정서를 내면서부터였다. 그러나 실제 우리에게 그 의견이 알려진 건 그 며칠 후인 4월 7일 '초등학교 일기장 검사 관행 개선되어야'라는 제목의 보도자료를 배포하면서부터였다. 그 즉시 각종 언론들은 〈'초등생 일기검사'는 인권침해?〉(경향신문), 〈초등학생 일기장 검사해야 하나, 말아야 하나〉(미디어제주), 〈인권위, 초등학교 일기 검사 '인권침해'〉(SBS 뉴스) 등의 제목으로 보도하였다.

각 언론사는 인권위의 보도자료를 바탕으로 기사를 작성하였음에도 그 논지의 초점을 '일기검사는 인권침해다'로만 맞춰갔다. 물론 인권위의 보도자료 내용이 그 초점에서 크게 벗어난 것은 아니지만, 세세하게 본다면 그게 다는 아닌데, 언론에서 그 외의 다른 내용은 거의 다루지 않아 아쉬운 감이 있다. 하나씩 살펴보자.

물론 인권위의 인식 틀은 '일기 검사는 인권침해'라는 틀에서 크게 벗어나지 못한다. 다음과 같은 내용은 인권위의 관점을 명확히 보여준다. '국가인권위 검토결과, 초등학교에서 일기를 강제적으로 작성하게 하고 이를 검사·평가하는 것은 일기의 본래 의미와 성격에 비추어 볼 때, 아동의 사생활과 양심의 자유를 침해할 소지가 크다고 판단했습니다. 아동이 △사생활의 내용이 외부에 공개될 것을 예상하여 자유로운 사적 활동 영위를 방해받거나 △교사의 검사를 염두에 두고 일기를 작성하게 됨으로써 아동의 양심형성에 교사 등이 실질적으로 관여하게 될 우려가 크며 △아동 스스로도 자신의 느낌이나 판단 등 내면의 내용이 검

거침없이 교육

사·평가될 것이라는 불안을 제거하기 어려워 솔직한 서술을 사전에 억제하게 될 수 있기 때문입니다.'

이 부분에 있어서는 저번 글에서 자세히 다루었듯, 초등학교에서의 일기는 엄밀한 의미에서의 일기라고 하기 어렵다. 내밀한 고백의 글쓰기인, 본래적 의미의 일기와는 다르며, 다르게 얘기하면 '생활 글' 정도가 될 것이다. 그리고 그 글쓰기는 적어도 교사에게는 공개하기로 한 글쓰기이다. 아이들도 선생님한테 공개되는 걸 염두에 두고 글을 쓰기 때문에, 마치 아동의 사적인 비밀 일기를 교사가 강제적으로 훔쳐보는 것 같은 느낌을 주는 위의 상황과는 전혀 다른 것이다. 학교의 실제 상황이 어떤지에 대한 내밀한 검토 없이, 그리고 '일기'라는 단어의 명확한 개념정의 없이 다가간 인권위의 판단이 자못 아쉽다.

위와 맥을 같이 하면서 또 아쉬운 부분을 살펴보자면 이렇다. '일기 검사를 통해 일기 쓰기를 습관화할 경우 △일기가 아동에게 사적 기록이라는 본래적 의미로서가 아닌 공개적인 숙제로 인식되도록 할 가능성이 커 오히려 일기쓰기의 목적을 달성하기 어렵습니다. △더구나 글짓기능력 향상이나 글씨공부 등은 일기를 통해서가 아니라 작문 등을 통한 다른 방법을 통하여 달성할 수 있습니다.'

옳은 말도 있고 그른 말도 있다. 옳은 말은, 그동안 일기쓰기가

'공개적인 숙제'로 인식되어 아이들은 항상 억지로 꾸역꾸역 써왔고, 그런고로, 일기쓰기의 목적을 달성하지 못해 왔다. 그것은, 뒤에서도 언급하겠지만, 몇 교사들의 '잘못된 일기 검사'의 영향일 수는 있어도, 일기 '검사'('검사'라는 단어는 역시 참, 불편하다) 자체가 꼭 문제라고 할 수는 없다고 생각한다.

그른 말은, 글짓기능력 향상과 관련된 말 모두다. 일단 '글짓기'라는 말부터 아쉽다. '글짓기'라는 말을 쓴다는 것 자체가 인권위의 관점, 시각이 어떠한지를 보여준다. 아이들의 글쓰기 교육과 관련하여 깊은 성찰을 보여주신 이오덕 선생님은 '글쓰기'와 '글짓기'를 구별한다. '삶을 떠나 거짓스러운 글을 머리로 꾸며 만드는 흉내 내기 재주를 가르치는 것'이 '글짓기'이고, '참된 삶을 가꾸는 정직한 자기표현의 글을 쓰게 하는 교육'이 '글쓰기'이다. 그저 '글 짓는 재주'인 '글짓기'를 향상시키기 위해서라면 굳이 '일기'(생활 글)라는 형식을 빌려 지도할 필요도 없겠다. 그러나 우리가 굳이 '일기'(생활 글)라는 형식을 빌려 지도를 하는 이유는, 그것이 곧 우리의 삶을 돌아보는 글쓰기이기 때문이다. 서로에게 공개할 수 있는 범위 내에서, 그러나 최대한 진솔하게, 내 삶과 둘레를 돌아보고 반성할 수 있는 글쓰기이기 때문이다.

인권위가 일기 쓰기에 대해 무작정 부정적 의견만 제시한 건 아니다. 일기 '검사'에 대해 우려를 표명했을 뿐, '일기 쓰기' 자체

거침없이 교육

에 대해서는 긍정적으로 생각한다. 그 긍정적 표현이 이 단 한 문장이라는 것이 아쉽긴 하지만. '소중한 삶의 기록을 남긴다는 점에서나 생활의 반성을 통해 좋은 생활 습관을 형성하도록 할 교육적 측면에서 볼 때 아동기에 일기 쓰기를 습관화할 필요성이 있다는 점은 인정이 됩니다.'

또, 인권위가 이런 의견 표명을 내게 된 배경도 설명이 돼 있는데, 그 시작은 2004년 7월 서울의 한 초등학교가 '시상을 목적으로 한 학생들의 일기장 검사 행위'에 인권침해 소지가 있는지 여부를 질의해 오면서다. 그리고 그 질의에 따른 내용만 놓고 본다면 나 또한 인권침해 소지가 상당하다고 생각하며 그다지 교육적이지도 못하다고 생각한다. 서울 저 학교의 경우처럼 된다면, 내 일기는 담임선생님 외에 언제든 다른 선생님과 다른 친구들에게 노출될 위험에 처하게 되고, 그것은 사생활의 자유, 양심의 자유를 위반하게 되는 것이기 때문이다. 또한 상을 통해 일기 쓰기 능력을 끌어올리겠다는 발상, 혹은 잘 쓴 아이에게 보상을 해주겠다는 발상은 매우 구시대적이요, 비교육적이다. 이런 것이야말로 인권침해요, 잘못된 일기 쓰기 지도 사례라 할 수 있겠다.

인권위의 보도자료 중 제일 중요한 부분이 남았다. 그 중요한 부분이 안타깝게도 가장 첫 부분에 나와 있어 기사를 쓰는 기자들이 별로 무게를 두지 않은 부분이고, 그래서 기사에는 특별히 중요하게 언급되지 않은 부분이기도 하다. '국가인권위원회(위원장 조영황)는 초등학교 일기검사 관행을 개선하고 초등학교의 일기쓰기 교육이 아동인권에 부합하는 방식으로 개선될 수 있도록 지도·감독하라는 의견을 교육인적자원부장관에게 표명하기로 결정했습니다.'

일기 쓰기 교육을 아예 금지하도록 하는 내용은 없다. 다만, 그 방식이 아동인권에 부합하는 방향으로 개선될 수 있도록 하라는 내용이다. 당시 교육인적자원부장관에게 건의한 이 내용을, 교육인적자원부장관이 받아 다시 인권위에 관련 내용을 전달했다. 그 내용은 다음과 같다. "이에 대해 교육인적자원부에서는 각 시·도 교육감에게 국가인권위 의견서를 첨부한 공문을 통해, '국가인권위 의견서를 검토한 결과 △일기쓰기를 강제적으로 작성하게 하고 이를 평가 시상하는 것은 지양하되 △일기쓰기의 교육적 효과를 감안해 일기쓰기는 지속적으로 지도하도록 할 것'을 전달하고, 국가인권위에도 이를 통보해 왔습니다." ("일기검사 관련 인권위 권고, 교육부 수용", 국가인권위원회 4월 27일자 보도자료) 결론적으로 이야기하자면, 인권위의 권고와, 그를 수용한 교육부의 지침 어디에도 일기 쓰기 지도 자체를 금지하라는 내용은 없으며, 다만 아동인권에 부합하는 방식으로 지도하라는 것.

이와 관련하여 의미 있는 지도 사례가 있어 소개한다. 다음은

《영근 샘의 글쓰기 수업》(54~55쪽)에서 뽑아 썼다.

　2005년 3월 국가인권위원회는 '초등학교에서 일기를 강제적
으로 작성하게 하고 이를 검사, 평가하는 것은 국제인권기준 및
헌법에서 보장하고 있는 아동의 사생활의 비밀과 자유, 양심의
자유 등 기본권을 침해할 우려가 크므로 이를 개선하고 초등학
교의 일기 쓰기 교육이 아동인권에 부합하는 방식으로 개선될 수
있도록 지도, 감독해야 한다.'고 권고하였습니다.

　이 권고는,

　첫째, 어린이 인권을 생각하는 계기가 되었습니다.

　(줄임) … 이 권고가 '일기 쓰기를 하면 안 된다'는 식으로 잘못
알려진 것은 아쉽지만 어린이 인권을 생각하고 내린 결정으로 그
가치가 있다고 생각합니다.

　둘째, 일기는 어린이 인권을 지키며 해야 합니다. (줄임)

　(1) 일기는 날마다 씁니다.

　(2) 보여주기 싫어 접어두거나 별표시를 하고, 읽지 말라고 하
　　　면 읽지 않습니다.

　(3) 일기 내용으로 벌을 주거나 평가하지 않습니다.

　(4) 학생에게 물어보지 않고 일기 내용을 공개하지 않습니다.

　셋째, 글쓰기 교육이 목적이라면 일기가 아니라도 좋습니다.

(줄임)

　물론 나는, 시상을 목적으로 한, 다른 아이들에게 공개하는 게 합의되지 않은 일기(뿐만 아니라 그 어떤 글)쓰기와 검사에는 동의하지 않지만, 또 해오지 않았다고 해서 체벌을 하거나 그 외 신체적, 수치심을 주는 벌을 주는 것 또한 동의하지 않지만, '과제식'으로 내준 일기에 대해 검사하는 것이 특별히 인권침해가 아니라는 입장을 고수할 생각이다. 판단은 각자의 몫이다.

　뱀꼬리(사족): 일기지도와 관련해서는 《이오덕의 글쓰기》(이오덕, 양철북, 2017), 《일기쓰기 어떻게 시작할까》(윤태규, 보리, 2018), 《영근 샘의 글쓰기 수업》(이영근, 에듀니티, 2020) 등을 참고하면 좋을 것 같다.

김누리 교수의
독일 교육 이야기에 딴지 걸기

| 독일 교육은 우리의 희망이 될 수 있을까

세간의 평가가 김누리 교수에게 호의적일 때, 내가 보고 듣는 SNS의 교육비평가들(교육 비평하기를 좋아하는 친구들)은, 김누리 교수를 욕하기 바빴다. 왜 그렇게들 욕하는지 궁금했다. 그의 〈세바시〉(세상을 바꾸는 시간, CBS) 강연을 봤다. 욕하는 이유를 알겠다. 과장, 한국 교육 현실에 대한 무지 혹은 단순화, 독일교육에 대한 환상이 그의 말속에 묻어났다.

그는 거대담론자다. 한국 교육 현실을 세밀하게 알지 못한다. 초중고에서 현재 어떤 교육이 일어나고 있는지, 그는 모른다. 그가 교육받았던 때를 떠올리며 지금도 똑같이 그러겠거니 생각하고, 한국의 모든 교육을 그저 '경쟁 교육' 한 단어로 치환한다. 교육에 대해 모르는 그가, 안 나오는 곳이 없다. 교육청 연수의 단골 연사로 나온 지 오래고, 각종 방송, 세미나에 교육 전문가인 양 출연하고 있다. 그보다 아는 게 훨씬 적을 게 분명한 내가 할 말은 아니지만, 그럼에도 그가 좀 겸손했으면 좋겠다고 생각했다. 적어도 교육에 대해 말할 때만큼이라도 말이다. 그의 고민이 그리 새로운 것도 아닌데, 그가 했던 비판과 고민은 이미 오래전부터 다른 이들이 해왔던 것들인데, 모든 스포트라이트가 그에게로 향하는 것도 참 못마땅했다. 그에 대한 나의 첫 인상비평은 그랬다.

하지만 이후 그의 영상과 책을 차분히 보면서 생각이 조금 바뀌었다. 그가 세상에 대중적으로 주목받게 된 계기였던 JTBC 〈차이나는 클라쓰〉의 영상 세 편을 내리 보았고, 《우리의 불행은 당연하지 않습니다》라는 그의 책도 이어 보았다. 그리고 그에 관해 조금 더 찾아보면서, 그가 그렇게 가벼운 사람만은 아니구나 싶었다. (사실 〈세바시〉 강연만 봤을 때는 그가 가벼운 사람으로 보였다.) 〈세바시〉에는 자세히 설명되지 않았던 그의 생각, 사상적 배경이 〈차이나는 클라쓰〉에는 비교적 자세히 설명되면서, 그가 어떤 얘기를 하고자 하는지, 그가 어떤 사람인지 좀 더 이해가 됐다고 해야 하나.

한국의 근본적인 문제들을 '대중적으로' 잘 건드렸다. 경쟁이 만연한 사회, 정치 민주화 외에 일상의 민주화가 전혀 되지 않은

거침없이 교육

사회, 약탈적 자본주의 사회가 바로 대한민국이다. 전혀 새로울 것 없는 진단을 가지고 다양한 사례들을 덧붙여, 그 특유의 과장법과 단순화로 사람들을 자극했다. 다시 말하지만, 전혀 새로울 것 없는 진단이다. 새로울 것 없기에 콧방귀 끼고 자극되지 않았던 사람들이, 그의 말에 빠져들었다. 갑자기 다들 경쟁 교육의 문제를 이제야 깨달았다는 듯 우울한 표정을 짓는다. 그런 표정을 짓게 만든 건, 김누리 교수의 능력이다. 그리고 그 깨달음의 중심에는, 독일 교육이 있었다. 말로만 듣던 독일 교육을 비교적 상세하게 접했던 사람들은, 충격을 받은 것이다. 우리와 확연히 다른 독일 교육에 말이다. 저런 교육이 현실 속에 존재하다니.

차라리 잘됐다 싶었다. 김누리 교수의 강의에 나는 그다지 매료되지 못했고, 그렇게 환상을 심어주는 방식의 강의를 싫어하지만, 한국의 고질적인 병폐와 문제들을 대중들에게 일깨워 '계몽시켜준' 그가 감사하기도 했다. 그가 하는 말들이 큰 틀에서 틀린 말도 아니니, 그냥 넘어가도 괜찮지 않을까 싶었다.

그러나, 사소하다면 사소할 수 있는 부분들을, 부족하면 부족한 대로 한 번 짚어보고자 한다. 그가 말한 내용에 어떤 오류가 있었고 어떤 과장이 있었는지, 그리고 그가 말한 독일 교육은 우리의 희망이 될 수 있는지. 불편하지만 짚고 논의해 보는 게 김누리 교수에게도, 그에게 열광하는 사람들에게도, 작게나마 도움이 되지 않을까 싶다.

김누리 교수가 말하지 않은 것들

김누리 교수가 독일교육을 이야기하면서 말하지 않는 것들이
의외로 많다. 하나씩 짚어보자. 그는 독일에서는 누구나 대학을
갈 수 있는 것처럼 이야기한다. 대학 입학시험은 따로 없고 고
등학교 졸업시험인 아비투어(Abitur)만 통과하면 되는데, 대체로
90% 이상이 다 통과한단다. 사실상 고등학교 졸업생의 대부분이
어렵지 않게 대학을 간다는 얘기다. 이는 사실일까.

절반만 사실이다. 저기서 말하는 고등학생은, 상위 40% 정도
만 다닌다고 할 수 있는 김나지움(Gymnasium) 학생들을 말할 뿐
이다. 그 나이대의 모든 학생을 말하지 않는다. 김나지움 학생들
만이 아비투어를 치고 대학을 갈 수 있는 것이다. 그럼 나머지 학
생들은 무슨 학교에 다니며, 그 학생들은 대학을 안(못) 가는가?

여기서 독일의 학제를 잠시 살펴볼 필요가 있다. 독일에서는
한국으로 치면 초등학교 4학년 나이에 대학 진학반을 갈지, 취업
반을 갈지 결정한다. 이때 결정된 대학 진학반의 아이들이 다니
는 학교가 김나지움이며, 이 아이들만이 대학을 간다. 나머지 취
업반 아이들은 하우프트슐레(Hauptschule, 직업학교)나 레알슐레
(Realschule, 실업학교)로 가며, 이후 또 다른 직업전문학교를 가

거나 직업 현장에 실습생으로 투입된다. 사실상 대학을 가지 않는다. 이러한 독일의 학제 속에서, 누구나 대학을 간다는 말은 반쪽짜리 진실일 뿐이다.

이 체제가 우리로서는 너무 낯설다. 문제도 많아 보인다. 초등학교 4학년 나이에, 그렇게 일찍 벌써 진로를 정해버린다고? 아이의 잠재력을 너무 이른 나이에 닫아 버리는 건 아닌가? 나중에 가서 공부하고 싶으면 어떻게 하는가? 그런 아이들을 위해 게잠트슐레(Gesamtschule)라는 종합학교도 만들었고, 하우프트슐레(직업학교)나 레알슐레(실업학교)에서도 김나지움을 갈 수 있는 문을 열어 놓긴 하였으나, 그 문은 아주 좁다. 그렇게 쉽게 김나지움으로 옮길 수 없으며, 따라서 대학을 가는 게 쉬운 일은 아닌 것이다.

독일 교육의 또 하나 문제는, 4학년 때 정하는 계열 분리가 순수하게 아이의 의지나 적성, 뜻에 따라 이루어지지만은 않는다는 사실이다. 보통 교사의 권유에 의해 이루어지는데, 물론 대부분의 학생과 부모는 그 뜻에 따른다. 대체로 큰 반발은 없고, 본인들의 동의하에 이루어진다는 점에서 공정해 보일 수 있다. 그러나 그 아이의 선택은 대체로 부모의 선택이고, 부모의 선택은 그 자신의 가정 배경, 직업과 맥을 같이한다. 단적으로 말해서, 노동자 자녀는 취업반을, 변호사나 의사 집안은 대학 진학반을 선택하여, 계급 재생산을 아주 공고히 이루어낸다. 물론 그런 계급 재생산에도 불구하고, 그 당사자들은 큰 불만이 없다. 독일인들은, 모두가 대학을 가야 한다는 생각을 한국 사람들처럼 크게 하고 있지 않으며, 직업교육의 전통이 강해, 본인 직업에 대한 자부심이 비교적 강하고 각 직업에 대한 사회적 차별도 크지 않은 편이다.

우리와는 판이하게 다른 시스템과 사회적 인식을 가진 나라와 비교하면서, 누구나 대학을 들어갈 수 있다고 말하는 건 사실도 아니거니와, 매우 무책임한 것이다. 전제부터 틀렸으니 이후 그가 하는 얘기는 사실, 설득력이 없다.

국립대 네트워크화, 무슨 소용이 있나

우리 사회의 학벌주의는 과도한 입시 경쟁을 일으키는 주요 원인으로 지목되어 왔다. 대학마다 공고한 서열이 정해져 있고, 학생들은 그중 최고 서열의 학교에 가려고 피 터지는 경쟁을 한다. 최고 학벌의 사람들은 그 실제적 능력과 상관없이 좋은 직장으로의 취업이 비교적 쉽고 많은 돈을 벌 가능성이 크나, 그 수는 한정돼 있어 소수의 사람만 혜택을 받는다. 아이들은 행복하지 않고 성인이 돼서도 행복하지 않다. 이런 학벌주의가 독일, 프랑스를 비롯한 서유럽 세계에서는 사실상 없거나 적다. (물론 이에 대한 다른 관점도 존재한다.) 대학이 평준화되어 있기 때문이다. 우리도 대학 평준화가 가능할까.

김누리 교수가 대안으로 내세우는 건, 국립대 네트워크화다. 각 지역에 있는 국립대를 묶어 연결하는 것이다. 프랑스의 파리 1대학, 파리 2대학처럼 평준화를 시켜, 예컨대 제주대를 국립 1대학, 서울대를 국립 2대학, 충남대를 국립 3대학으로 만드는 식이다. 그 대학들 사이에서는 위계가 없으며, 자유로운 이동 또한 가능하다. 국립 1대학에서는 이 과목, 국립 2대학에서는 저 과목을 들을 수 있는 것이다.

문제는 한국에서는 국립대의 비중이 매우 낮다는 데 있다. 그의 말에 따르면 국립대는 전체 15% 정도밖에 되지 않는다. 사립대의 비중이 너무 높다. 전체의 79%. 이래서는 죽도 밥도 되지 않는다. 그가 염려하듯, 명문 사립대들이 서울대의 지위를 치고 올라올 것이다. 그는 그 또한 대안이 있다는 듯 얘기한다. "대학 등록금을 없애고, 많은 사립대학들을 공영화해야 해요. 그것은 점진적으로 얼마든지 가능합니다. 많은 나라에서 사례들이 있고요." (〈세바시〉 강연 중) 그의 말처럼 정말 그게 '얼마든지' 가능했으면 좋겠다. 그런데 이에 대한 설명은 이게 다. 그의 다른 어떤 강연, 인터뷰에도 이에 대한 구체적인 설명이 없다. 그가 자신의 대안에 현실성을 더하려면, 우리나라에 기형적으로 많은 이 사립대학들을 공영화하는 방안을 구체적으로 내놓아야 한다. (우리나라의 사립대 비중은 다른 나라들과 비교 불가다. 독일 14%, 프랑스 14%, 영국 0.6%인데, 한국은 79%. 사립대 공영화를 하자고 할라치면, 사립대들은 벌떼처럼 일어나 저지할 것이 불을 보듯 뻔하다.) 많은 나라에서 어떤 사례들이 있는지, 그 사례들은 우리나라에서 적용 가능한 것들인지를 말이다.

그리고 만약 사립대학 공영화가 가능하다고 하더라도 그것이 점진적으로 이루어져야 하는 것이라면, 국립대학 네트워크화는 섣불리 하지 말아야 한다. 사립대학 공영화가 이루어진 후에 해야 할 것이다. 그렇게 하지 않으면, 국립대학을 네트워크화 하는 사이, 명문 사립대가 무섭게 치고 올라올 테니까. 공고히 서열 꼭대기에 자리 잡은 사립대는 공영화 요구에 꿈쩍도 하지 않을 것이다. 이쯤 되면, 국립대학 네트워크화가 대안이라기보다는, 사립대학 공영화가 대안이 되어야 할 것 같다. 실제로 그것이 핵심이다. 김누리 교수는 사립대학 공영화에 대해서 설명할 의지와 능력이 있을까.

그리고 만약 사립대학 공영화에 성공하여 대학 평준화를 이루어낸다 한들, 대부분의 아이들이 대학을 가야한다고 생각하는 사회(대한민국)와, 모두가 대학을 갈 필요가 없다고 생각하는 사회(독일)의 간극은 어떻게 메울 것인가?

독일 교육은 우리의 희망이 될 수 있는가

김누리 교수가 말한 독일 교육과 그에 따른 대안이 많은 허점이 있을지라도, 독일 교육은 여전히 우리에게 많은 시사점과 상상력을 준다. 여러 가지 문제에도 불구하고, 모두가 대학을 가지 않아도 된다고 하는 생각, 직업에 귀천을 크게 따지지 않는 태도 등을 많은 사람이 갖고 있다는 게 무엇보다 부럽다. 입시 스트레스가 없고, 공부에 돈이 들어가지 않는 것은 말해 무엇하랴. 우리의 희망이라고 말할 정도는 아니더라도, 우리가 지향해야 할 몇몇 중요한 가치들을 그들이 품고 있음을 부정할 수 없다.

그러나 앞서 말했듯, 독일 교육에도 비판 거리가 없는 것은 아니다. 그러나 김누리 교수의 독일 교육 이야기에는 도무지 비판이 없다. 완전무결한 독일교육 이야기가, 이목을 끌고 환상을 가지기에는 좋으나, 그게 과연 우리에게 진정으로 도움이 되는지는 모르겠다. 독일 교육을 우리 교육에 기계적으로 대입하다 보면 생길 수많은 문제를 놓치게 되고, 결국 불필요한 논쟁과 혼란만 가중될 것이다. 비판이 함께하는 독일 교육 이야기를 들려주는 제2의 김누리를 기대한다.

2

교육,
돌아보다

밖에서의 민주주의,
안에서의 민주주의

고등학교 때다. 한 역사 교사가 있었다. 그 역사 교사는 박학했고, 멋있었다. 당시 정치 및 언론 권력을 신랄하게 조롱했고, 그 조롱이 나는 싫지 않았다. 역사 교과서에는 나오지 않는 다양한 이야기들이 그의 입에서 쏟아져 나왔고, 뭔지는 몰라도 그 '좌파적' 스토리에 꽤 매료되었던 것 같다. 박정희를 비판했고, 미국을 비판했다. 그랬던 그였다.

그는 갑자기 수업 중, 한 아이를 나오라고 했다. 그는 그 아이의 뺨을 양손으로 사정없이 갈겨 대기 시작했다. 아이는 맥없이 맞았다. 무슨 잘못이야 했을 것이다. 그런데 같은 반에 있던 내

거침없이 교육

가 왜 맞았는지 모를 정도로만, 잘못을 했다. 그때부터 내게 그 선생은, 힘을 잃었다. 그가 비판했던 박정희와 그가, 겹쳐 보였다. 박정희와 미국을 비판한 그는 아마도 민주주의를 염원한 사람이었을 것이고, 대학 때 민주투사 행세도 좀 했을지 모르겠다. 다 부질없다. 자기 생활에서 민주적이지 않은 사람이 부르짖는 민주주의란, 모두 거짓이다, 라고 꽤 냉소적으로 생각했던 것 같다.

그때부터였는지 모르겠다. 어떤 사람의 말과 행동에 모순이 없는지 나는 꽤 예민하게 반응했다. 그런 나의 예민함에 그 당시 딱 부합하는 책이 있었으니, 《우리 안의 파시즘》이라는 책이었다. 이 책은, 책 제목처럼, '우리 안의 파시즘'('일상적 파시즘'으로 불리는)을 다루고 있다. 우리 안에 무의식적으로 남아 있는 권위주의 말이다. 물론 책은, 해방과 일탈을 부르짖던 한 로커(아마도 윤도현을 지칭했던 것 같다)가, 선배 록 가수 앞에서 깍듯이 고개 숙여 인사하는 모습을 보고, '일상적 파시즘'의 한 예로 들 만큼, 융통성이 없기도 했다. 책이 말하고자 하는 것을 모르는 바 아니나, 사안을 너무 단순화해서 설명했다. 일상의 복잡다단함을, 고작 그런 식으로 설명한 데에 이 책의 한계가 있다고 생각한다.

그러나 책이 전하는 근본적인 문제제기에 나는 전적으로 동감했다. 이곳저곳 산발적으로 남아 있는 군대식 문화는 말할 것도 없고, 좀 더 깊게 들어가자면, '존댓말'과 '반말'의 구분을 당연하게 생각하는 문화에서부터 일상적 파시즘은 싹을 틔웠다고 생각했다. 어쩔 수 없이, 내가 '존댓말'을 써야 할 대상은 높아 보이고, '반말'을 써야 할 대상은 낮아 보인다. 거기서부터 위계는 생겨나고, 민주주의는, 정말 근본적인 수준에서의 민주주의는, 힘들다.

재수 끝에 들어간 대학에서, 아직 어렸던 나는, 존댓말과 반말을 허물기 위한 나름 '현실적인 대안'을 실천하기 위해 노력했다. 그때 나는 일단, 머릿속으로 이러저러한 상황들을 시뮬레이션해봤다. 나보다 나이 적은 친구가 나에게 반말을 하는 상황을 말이다. 약간의 망설임이야 왜 없었겠는가. 하지만 결론은, 가능하다, 였다. 모델로 삼은 것은 항상 영어였고, 영어에서는 7살 꼬마와 40살 어른도 서로 반말로 말을 주고받는다. 충분히 괜찮다고 생각했다. (단, 내 옆에 있는 사람들 모두가 나처럼 나이 적은 친구와 반말로 주고받는다는 전제를 달았어야 했는데, 그땐 그렇게까지 세밀하게 생각하지는 않았던 것 같다.) 그런데 나는, 나보다 나이 많거나 선배인 사람에게까지 그러고 싶지는 않았다. 그들에겐 그들의 문화가 있고, 하잘 것 없던 문화라 해도 일단 존중해주고 싶었다. (물론 속으론 엄청 조롱하고 비웃었다. '선배라고 깝치네?' 하고 말이다. 나는 겉으론 조용조용하고 온화한 척하지만, 속으론 엄청 비웃고 조롱하는, 그런 무서운 사람이다.)

내가 생각한 대안은, 내 후배들에게 적용하는 것이었다. 그들과 맞먹는 것이다. 그들과 반말로 지내보는 것이다! 서로 호칭 없이 그냥 이름을 불러도 상관없다! 이 대안만 해도 역시 쉽지 않았다. 그것은 후배들에게도 짐이 되는 방식이다. 그래서 그 다음 생각한 대안은, 나도 같이 존댓말을 하는 거였다. 물론 처음에야 존댓말을 하는 게 당연하지만, 조금 시간이 지나면 으레 선배들이 알아서 말을 놓는 게 당연했던 시절, 나는 그럭저럭 오랫동안 존댓말을 했었다. 내가 1년 먼저 들어왔다는 이유로 그들을 낮추어볼 이유가 전혀 없다고 생각했고, 이렇게 끝까지 존댓말을 쓰는 것에 나름 '혼자서' 자부심까지 느끼고 있었다.

결론적으로, 성공했을까? 당연히, 실패했다. 내가 왜 계속 이렇게 존댓말을 쓰고 있는지 그 취지까지 장황하게 설명했던 한 후배가, 나중에 말하길, 불편하니 그냥 말을 놓으시면 안 되냐고 하기에, 그러마, 했다. 그 이후 나는 후배들에게 잘도 말을 놓는 선배가 되었다지. 그러나 권위의식을 없애려는 내 노력은 나름 계속 됐고, 후배들이 격의 없이 대해도 그리 기분 나빠하지 않고 잘 받아줬다. 내 노력은 거기까지였고, 내 한계와 우리 문화의 한계는 거기까지였다.

학교 안 민주주의, 그 뼈저림에 대해

대학을 졸업하고 학교로 왔다. 임용은 놀고 먹느라 대학 졸업하고도 한참 후에 붙었기에, 기간제 교사로 학교에 왔다. 정식 발령교사로 오든, 기간제 교사로 오든, 별 차이는 없었을 텐데, 하여튼, 나는 준비 안 된 채로 학교에 왔다. 학교 안 민주주의는, 그 전 내가 겪었던 일상생활에서의 민주주의와는 차원이 다른 것이었다.

'일상적 파시즘'에는, 아까 얘기했던 선후배 간의 위계 관계, 더 근본적으로는 존댓말과 반말의 이중 언어 체계 등이 있을 것이다. 그리고 또 하나 대표적으로 예를 든다면, 학교 교사와 학생들 사이의 위계 관계를 들 수 있을 것이다. 과거의 교사는 언제나 필요 이상으로 엄했고, 체벌을 했으며, 함부로 대했다. 물론 지금에 와서, 고삐 풀린 학생들에게 고통 받는 교사들의 아우성이 넘쳐나지만, 그것은 과거 교사들의 권위주의에 '권위'가 없다는 것을 학생들이 알아버렸기 때문이다. 그것은 민주주의가 과해서 일어난 게 아니라, 아직 미련을 버리지 못한 권위주의 때문이고, 민주주의가 오히려 부족해서 일어난 현상이다.

이렇게 생각을 했고, 이 생각은 지금도 변치 않다. 나는 대학 후배에게 그랬듯, 학생들에게도 힘을 쪽 빼면(즉, 권위적이지 않으면) 충분히 좋은 관계로 잘 지낼 수 있을 거라 생각했다. 나는 여지껏 그렇게 인간관계를 맺어왔고 사람들과 잘 지내왔으니까. 학생들이라고 뭐 특별히 다르랴. 그런데, 학생들은 특별히 달랐다. 힘을 쪽 뺀 나는, 아이들의 돌발 질문에 당황하기 일쑤였고, 온갖 개념과 예의를 밥 말아먹은 아이들의 말 폭격에 혼비백산했다. 권위적이지 않으려는 나의 노력은, 아이들에겐 그저 권위 없음으로 다가왔고, 쉽게 보이기 시작했다. 내가 생각한 모습은 이런 게 아니었다. 나는 당황했고, 괴로웠다. 아이들에게 무시당하는 내 모습을 나는 도저히 견딜 수 없었다.

　내가 찾은 해결책은, '권위주의로의 회귀'였다. 윽박지르고, 무섭게 하고, 거칠어지는 것. 처음에는 그것마저도 잘되지 않았다. 윽박지르고, 무섭게 하고, 거칠게 하는 것도 해보질 않았으니. 하지만 익숙해지는 데에 그리 오래 걸리지 않았다. 아니 사실, 오래 걸리긴 했지만, 한 해가 갈수록 늘어갔다. 영화 〈박하사탕〉의 형사 영호가 자그마한 폭력에도 수줍어하고 힘들어하던 모습에서 피의자의 귓방망이쯤 가볍게 때릴 수 있는 모습으로 변하듯. 내 머릿속의 이상적인 교사상은 어느 새, 적당히 카리스마 있게, 무서울 때 무서우면서 풀어줄 때 풀어주는, 유머감각도 적당히 있으면서 절대 허투루 보이지 않는, 그런 모습으로 변해 있었다. 저런 모습의 교사도 물론 충분히 멋있고 훌륭하다. 그러나 찜찜함은 내 몸 속 곳곳에 박혀갔다.

민주주의에 대한 착각과 환상에서 벗어나다

그 찜찜함은, 나를 변하게 만들었다. 어떻게든 다른 길을 찾아 나서게끔 만들었다. 인디스쿨 연수를, 비폭력 대화를, PDC(학급 긍정훈육법)를, T.E.T(교사역할훈련)를, 그 외 각종 연수를 찾아 나서게끔 만들었다. 그렇게 많은 연수를 들었다고 해서, 지금 교실 속 민주주의 교육에 대해 답을 찾았다고 말할 만큼 나는 뻔뻔하거나, 똑똑하거나, 현명하지 않다. 아직 멀었다, 고 말할 필요도 없을 만큼, 멀고 또 멀었다. 그러나 그전보다 분명 훨씬 '민주적인 교사'에 가까워진 것만은, 그리고 민주주의에 대해 조금이라도 더 알게 된 것만은 분명하다.

제일 먼저 깨달은 것은, 아이들과 민주적인 공동체를 만드는 것은, 아무나 할 수 있는 게 아니라는 것이다. 이론으로 무장한 교수가 와서 단번에 뚝딱 절대로 할 수 없다. 이상 가득한, 그리고 헌신적인 대안교육 운동가가 와서 뚝딱 만들 수 있는 그런 게 절대 아니란 말이다. 사회 문제에 관심이 많고 비판적이며 명석한 누군가가, 희망은 교육에 있다고 생각하여, 교단에 선다고 아이들과 민주적인 공동체를 바로 만들 수 있을까? 어림없다. 물론 그들이 그들의 이상을 집어치운다면 그냥 그 자리에 월급쟁이로 빌어먹는 것 자체는 어렵지 않을 것이다. 그러나 그 이상을 버리지 않은 채, 아무런 경험 없이 교단에 선다면, 그는 얼마 버티지 못하거나 자신의 이상을 꽤 많이 수정하게 될 것이다. 민망한 얘기지만, 내가 그랬다. 주변 사람들에 비해 사회 문제에 관심이 많고 내 나름 삶에 대한 기준도 꽤 잡혀 있다고 자부한 내가, 교실에서 무너지는 데 수개월이 걸리지 않았다. 그래, 민망한 얘기다. 내가 사회 문제에 관심이 있어봤자 일천했고, 비판적이여 봤자 허세였으며, 명석과는 더더욱 거리가 먼 사람이었으니, 내 기준으로 이렇게 말하는 것이 별로 설득력 있지는 않겠다.

그 다음 깨달았다면 깨달은 것은, 권위적이지만 않다면 그것이 곧 민주주의라고 생각했던 것이 나의 착각이라는 것이다. 물론 권위적이지 않아야 한다는 것은 기본으로 깔려야 하는 것이다. 그러나 그것이 필요충분조건은 아니다. 만약 권위적이지 않은 것이 곧 민주적인 거라고 착각한다면, 그 교사는 그저 아이들의 요구를 들어주고 수용하는 데에 급급할 것이다. 혹자는 아이들의 요구를 들어주는 게 뭐가 문제냐고 반문할지도 모르겠다. 그런데 아이들의 요구와 의견은 언제나 선일까? 그리하여 언제나 들어주는 것이 맞는 걸까?

지적 장애가 있는 사랑반 아이가 한 반에 있는 통합학급을 맡은 적이 있었다. 아이들은 그 아이와 함께 앉기 싫다고 했다. 아이들은 그 아이와 같이 줄서기 싫다고 했다. 그 아이와 함께하기 싫다는 그 (배제와 차별이 득시글거리는) 요구도, 아이들의 요구를 수용하는 것이 민주적인 것이니, 그저 받아들여야 할까? 물론 그렇다고 해서 교사가 일방적으로 '너의 그 요구는 이러이러해서 문제야! 그러니 너의 요구는 받아들일 수 없어!'라고 고압적으로 말하는 것이 민주적인 것도 아니다. 다시 말하지만, 권위적이지 않은 것이 곧 민주적인 건 아니지만, 민주적이기 위해서 권위적이지 않은 건 기본 전제다. 고압적이고 일방적인 교사의 지시가, 비록 그 내용이 타당하더라도, 민주적이라고 말할 순 없는 것이다.

그럼 대체 민주주의는 뭔가

민주주의를 실현한답시고 아이들에게 묻는다. "체험학습을 갈 때, 버스에서 앉고 싶은 사람끼리 앉을까? 제비뽑기로 앉을까?" 아이들은 당연히 백이면 백, "앉고 싶은 사람끼리 앉아요!"를 외칠 것이다. "그럼 다수결로 정해볼게요"로 화답하는 교사의 말이 끝나기가 무섭게 대부분의 아이들은 '앉고 싶은 사람끼리 앉는다'에 손을 번쩍 들고 난리가 날 것이다. 교사는 일방적으로 정하지 않았고 아이의 의견을 물어, 다수결에 의해 '민주적'으로 정했다(고 착각한다). 그런데, 이게 과연 민주적인 것일까? 이렇게 정한 결과, 어떤 일이 벌어질까?

보통은 우는 아이 한두 명쯤은 반드시 나온다. 왜일까? 그 '앉고 싶은 사람'에서 배제되는 아이가 꼭 나오기 때문이다. 예를 들어, 어떤 무리에도 잘 끼지 못하는 아이는 어떻게 해야 할까? 또, 3명이 친한 무리가 있다고 해 보자. 2명은 같이 앉을 수 있겠지만, 나머지 한 명은 어떻게 해야 할까? 떨어져 나온 그 한 명들끼리 뭉쳐서 두 명씩 다시 앉으면 다행인데, 그게 어디 쉽나. 이미 무리에서 강제로 벗어난 그 상처는 또 어떻게 할 것인가.

민주적인 교사라면, 그리고 민주적 공동체라면, 그 의견에 혹시 어떤 문제는 없는지, (선생님이 주축이 되는 것보다는) 아이들과 함께 따져보고 고민해 보는 기회를 만들어야 한다. 아무것도 묻지도 따지지도 않은 다수결에 의한 결정은, 비민주적이다. 위의 경우도 응당, 교사는 아이들과 이야기를 나눴어야 했다.

"앉고 싶은 사람끼리 앉았을 때 좋은 점은 뭐가 있을까요? 그리고 혹시 문제되는 점은 없을까요?" 이야기를 나누다 보면, 문제점에 대해서도 건드리게 되고, 아이들은 이게 생각보다 간단한 문제가 아님을 알게 된다. "그럼 그 문제를 어떻게 해야 할까요? 그런 문제가 있는데도 그냥 앉고 싶은 사람끼리 무작정 앉아야 할까요?" 해결 방안까지 아이들이 정하게 하고, 중요한 건, 그 해결 방안에 대해 '모든' 아이들이 동의해야 한다는 것이다. 동의하지 못하는 아이가 있으면, 다시 원점으로 돌아가서 그 아이가 동의할 만한 해결 방안을 만들어내야 한다. 그렇다. 만장일치다. 사실은, (적어도 교실 내에선) 만장일치가 민주주의다. 그럼 다수결은? 그건 민주주의가 아니다. 도저히 만장일치가 힘들어서, 모든 아이가 다수결로 정한 걸 따르겠다고 완벽하게 동의한 상태에서야 비로소 다수결은, 민주주의로 인정될 수 있을 것이다. 다수결은 차악이다.

요약하자면, 각 의견에 대해서 이야기 나누는 시간이 없는 다수결은 민주주의가 아니며, 의견을 서로 충분히 나눈 후, 모두가 동의할 수 있는 해결책을 만들어내야 비로소 민주주의라고 할 수 있다는 것.

교실에서의 민주주의, 생각보다 힘들다. 너무 힘들어서 사실, 안 하고 싶다. 그래도 계속 시도해봐야 하지 않겠나. 지금 우리가, 허울뿐일지라도 그걸 지향하는 사회, 학교, 학급에 살고 있고, 나 또한 그러하니. 밖에서의 민주주의와 안에서의 민주주의가 조우하는 날이 어서 오길.

거침없이 교육

교사는 꼰대일까

　나 어릴 적에도 꼰대라는 말을 쓰긴 했지만, 이렇게 광범위하게 쓰이진 않았다. '라떼'("라떼는 말이야")와 결합하면서 그 단어의 폭발력은 더 커졌다. 꼰대가 뭐기에 그러는 걸까. 꼰대란 권위적인 사고를 가진 어른을 비하하는 학생들의 은어다. 최근에는 자기의 구태의연한 사고방식을 타인에게 강요하는, 이른바 꼰대질을 하는 직장 상사나 나이 많은 사람을 가리키는 말로 의미가 변형되었다. 여기서 꼰대의 핵심 특징은 '권위적인 사고'를 가졌다는 것과, '자기의 구태의연한 사고방식을 타인에게 강요'하는 것이다. 꼰대의 특징은 이렇다.

　꼰대는 권위적이다. 수직적 계급이 잡혀 있어야 하고, 자신이 그 중에서 위에 있는 사람이어야 한다. 위에 있는 자신이 아래에 있는 사람에게 옳다고 생각하는 걸 지시하고 강요해야만 하는 것이다.

꼰대는 자기중심적이다. 상대방의 처지를 생각하지 않고 상대방의 말을 듣지 않는다. '라떼는 말이야'가 괜히 나온 게 아니다. '라떼', 즉 나 때만 중요하다. 상대방 얘기는 중요하지 않다. 내 시절 얘기만 중요해서, 상대방 얘기는 고려 대상이 아니다. 그래서 요즘 젊은 것들의 처지에 대해 전혀 공감하지 못한다. 나 때는 그것보다 훨씬 힘들었다면서, 요새 것들은 배가 너무 불렀다면서, 자기 얘기만 하기 바쁘다.

꼰대는 다양성을 존중하지 못한다. 자기들이 겪고 아는 것들만이 진실이고 옳다. 내가 여태껏 지내왔던 생활 방식에 어긋나는 것들, 내가 가져왔던 생각에 위배되는 생각들을 인정하지 못한다. 그리하여 보통 그들은 차별적인 발언을 서슴없이 한다. 강간을 당하는 건 여자의 행실이 정숙하지 못해서고, 동성애자들은 이 세상에 존재해서는 안 될, 돌연변이들이다. 꼰대들의 언어는 폭력적이다.

내 주변은 언제나 꼰대들의 천국이었다. 부모님 세대의 어른들은 어쩔 수 없이 꼰대였다. 자상한 꼰대, 인자한 꼰대, 엄한 꼰대로 그 성격에 따라 다소 다양한 양상으로 나눠질 뿐, 기본 토대는 꼰대였다. 학교 선생님들은 더 말할 것도 없었고, 육체적인 폭력도 함께 가한 꼰대였다. 주변 어른들도 대부분 꼰대였다. 꼰대 아닌 어른을 찾기 어려웠다. 20살 이후, 성인이 되어서도 나보다 더 나이 많은 분들은 대부분 똑같이 그랬다. 나만 그런 건 아닐 거다. 대개 기성세대들은 꼰대이기 마련인데, 우리 사회는 특히 더 그런 것 같다. 다양성을 물리력으로 억압했던 독재의 영향 때문인지, 충분히 사유할 시간을 갖지 않고 빨리 발전하기 바빴던 산업화의 영향 때문인지는 모르겠으나, 우리의 어른들은 꼰대 아닌 이를 찾기 어려웠다.

나는 그런 꼰대가 싫었고, 꼰대가 되고 싶지 않았다. 나이 들어서도 근사한 어른이 되고 싶었다. 꼰대는 근사하지 않다.

교사의 꼰대 문화는?

그렇다면 교사들의 꼰대 지수(이 '지수'는 지극히 내 주관이 반영돼 있다)는 어떻게 될까? 두 가지로 나눠 볼 수 있을 것 같다. 하나는 교사가 학생을 대할 때의 꼰대 지수, 다른 하나는 동료 교사들을 대할 때의 꼰대 지수다.

먼저 교사가 학생을 대할 때의 꼰대 지수는 어떨까? 일단 과거만 본다면, 교사들의 꼰대 지수는 당연히 상위권일 것이다. 과거 횡행했던 체벌문화는, 아무런 변명의 여지가 없다. 꼰대가 아니라면 그러지 못한다. 폭력적이고 권위적이었으며, 강압적이었다. 그럴 수밖에 없었던 시대 상황이 일부 있었고 훌륭한 교사도 있었으나, 많은 교사들의 꼰대질은 도가 넘었었다.

현재는 어떨까? 과거와 비교하면 꼰대 문화는 현격히 줄어들었다. 일단 체벌이 사라졌다. 아직도 물론, 체벌이 알게 모르게 이루어지는 곳이 있을 것이다. 그러나 이제는 그게 소수다. 적어도 초등학교에서는 사실상 없어졌다고 봐도 무방하다. 게다가 학생들의 선택을 수용해주려 노력하고 인권을 존중하려는 문화가 미약하나마 생겼다. 학생들의 의견은 전혀 들어보지도 않고 모든 걸 정해왔던 과거의 학교와는 많이 달라졌다.

그러나, 아직 갈 길이 멀다. 학생들을 존중하는 분위기는 충분히 무르익지 않았다. 아이들을 존중해주려 부단히 노력하지만, 한 번씩은 꼭 화를 내야 말을 듣는 아이들을 보며, 내 자신의 미성숙함을 깨닫는다. 내 주변 선생님들도, 너무 뛰어나고 존경할 부분들이 많지만, 어떤 측면에서는 미성숙하다. 여전히 많은 학급당 학생 수, 필요 이상으로 예의가 없는 아이들이 많아진 사회적 현상 등이 교사를 꼰대질 하게 만드는 이유인 것 또한 부정할 수 없는 일이지만, 그걸로 위안 삼거나, 변명하고 싶지 않다. 아직 학생에 대한 교사의 꼰대 문화는, 많은 노력에도 불구하고 꽤 남아 있다.

동료 교사를 대할 때의 꼰대 지수는 어떨까? 젊은 교사에 대한 나이 많은 교사의 꼰대질이 대상이 될 텐데, 다른 사람들은 어찌 생각할지 모르겠지만, 나는 거의 없다고 생각한다. 나이 많은 교사라 해도 젊은 교사들에게 함부로 대하지 않는다. 나이 차이가 아주 많이 나거나, 막내인 신규 교사에게 친근감의 표현으로 그냥 이름을 부르거나 말을 놓는 경우도 일부 있지만, 대부분은 젊은 교사들에게 (당연한 일이지만) '선생님'이라는 호칭을 불러주며 존대해준다. 평교사끼리는 나이가 많다고 젊은 교사에게 함부로 대하거나 뭘 하라고 강요하지 않는다. 생각보다 수평적인 문화다.

물론 관리자들의 꼰대 지수는 예나 지금이나 여전히 높다. 권위적인 분들도 많고, 아랫사람들에게 티내며 대우받으려고 하는 분들도 많다. 민주적인 감성의 관리자 또한 점점 많아지고 있으나, 아직 그 수가 많지는 않다. 그리고 남자 교사들끼리는 형님아우 하며 지내는 경우가 많은데, 간혹 '형님' 교사가 '아우' 교사에게 꼰대질 하는 경우가 있기는 하나, 그 수위가 높지는 않다.

젊어도 꼰대다

내가 꼰대를 워낙 싫어하기는 하지만, 뭐만 하면 꼰대, 꼰대 하니까 그것도 뭔가 거부감이 든다. 나이 든 사람이 말하는 모든 것을 꼰대 취급하며 거부하는 듯한 인상도 받는다. 그저 나이 든 사람이, 담담히 자기의 경험을 말하는 것도 쉽게 '라떼'로 치부해버리기도 한다. 젊은 세대들이 기성세대들의 꼰대질이 얼마나 싫고 거부감이 들었으면 그럴까 싶으면서도, 배울 점과 아닌 점은 면밀하게 구분할 필요가 있다. 무조건적인 거부는, 그 누구에게도 도움이 되지 않는다.

게다가 젊은 세대들이라고 꼰대가 아닌 것도 아니다. 꼰대를 공격하는 사람이라고, 꼰대가 아니라는 보장은 없는 것이다. 젊은 세대는 더 젊은 세대에게 꼰대질을 한다. 우리나라의 대표적인 젊은이 집단인 대학생들만 봐도, 2학년은 1학년에게 꼰대질을 하고, 3학년은 1, 2학년에게 꼰대질을 하고, 4학년은 1, 2, 3학년에게 꼰대질을 한다. 몇 살 먹지도 않았으면서 훨씬 어른인 척, 후배들에게 일장 연설을 늘어놓는다. 가장 밑에 있는 1학년은 꼰대질을 안 하는가? 아니다. 2학년 되면 똑같이 아래학년 후배들에게 꼰대질을 한다.

그럼 더 젊은 세대로, 때 묻지 않은 순수한 어린 세대로 내려가면 뭐가 다를까? 꼰대인 선생님에게 반항하는 일진들은, 그래서 꼰대와는 거리가 멀 것 같은 그들은, 훨씬 위계질서에 집착하고 폭력적이다. 동급생들에게 대놓고 폭력을 행사한다. 초등학생들도 나보다 힘이 약하고 어린 친구들에게는 함부로 대한다. 권위적인 모습을 보이는 초등학생들은 얼마든지 볼 수 있다. 이쯤 되면 총체적인 문제인가? 총체적인 문제가 맞다. 한국 특유의 권위주의 문화는 나이의 많고 적음과 상관없이 모든 이들을 꼰대질하게 만들었다. 젊다고, 어리다고 예외가 아니란 말이다.

자기들도 어딘가에선 분명 꼰대면서, 마치 자기들은 전혀 아닌 양, 기성세대들을 향해 꼰대질 한다고 맹렬히 비난하는 모습이 그래서 나는 썩 좋아 보이지 않는다.

일부 저경력 교사들의 방어벽

내가 접했던 일부 저경력 혹은 신규 교사들은 무언가 알지 못할 방어벽 같은 게 있다. 사실 학교에 처음 왔거나 경험이 얼마 없으면 모르는 것이 많을 수밖에 없고, 모르는 것은 물어보는 게 당연하다. 그러나 묻지 않는다. 알지 못할 자신감 같은 것에 차 있고, 혼자 해결하려 한다. 도와주려 다가가도, 방어벽 같은 것에 튕겨져 나온다.

내가 꼰대처럼 다가갔다고 오해하지 마시라. 상대방이 원하지 않는 도움을 억지로 주고 싶은 생각은 추호도 없는 사람이다. 도움의 손길을 잡지 않아도 실망하거나 서운해 하지 않는다. 도움의 손길을 잡는 건 상대방이 결정할 일이다. 다만 도움의 손길을 대하는 그들의 분위기, 태도 같은 것들에서 느껴지는, 필요 이상으로 넘치는 당당함 같은 것이 아쉽다.

혹시 그건 젊은 세대들에게서 흔히 보이는, 꼰대에 대한 무조건적인 거부감의 발현은 아닐까? 선배 교사들의 때론 할 수도 있는 정당한 조언과 도움도 꼰대질이라 여겨 거부하는 건 아닐까? 그것만이 이유의 전부는 아닐 것이다. 2000년대 이후 높은 수능 점수를 받고 교대에 입학하거나, 높은 경쟁률을 뚫고 임용에 합격한 신규 교사들의 엘리트 의식도 한몫했을 수도 있다.

물론 일반화 할 수 없다. 일부일 것이다. 세대론은 조심스럽다. 많은 신규 및 저경력 교사들은 누구보다도 열정적으로 아이들을 가르치고, 선배 교사들과 소통하고 있으리라 믿는다. 지극히 나의 편협한, 주관적 경험과 느낌임을 다시 한 번 밝혀 둔다. 이미 꼰대가 되어 버린(경력이 그렇게 많은 것도 아니지만) 한 교사의 말도 안 되는 푸념이라고 치부해버려도 좋다.

경력 교사들에게 배우고 나눌 수 있는 문화가 만들어져야

앞에서도 얘기했듯, 새내기 교사에게 선생님 칭호를 생략하고 그냥 이름을 부르거나 반말을 하는 경우도 종종 있다. 각 학교마다, 상황마다 그런 것들이 허용되는 정도가 다 다르고, 래포(rapport) 형성의 정도에 따라 큰 문제가 되지 않다고 볼 수도 있지만(사실 다른 직종에서 신입사원이나 막내에게 대하는 수준과 비교하면, 굉장히 양호한 편이다), 기본적으로 '선생님'으로서의 존대와 대우는 해주는 것이 맞다. 어느 한쪽이 높고 낮음을 상정하는 것을 적어도 형식적인 측면에서는 없애는 것이 옳다고 생각한다.

형식은 의외로 사람들의 의식을 지배하기도 해, 나이의 많고 적음과 상관없이 모두가 '선생님'으로서 존중받는 학교의 문화는 생각보다 민주적이고 수평적이다. 적어도 평교사 집단에 한해서는, 고경력 교사가 저경력 교사를 억지로 가르치고 계도하려는 꼰대 문화가 들어설 틈은 별로 없어 보인다.

　하지만 그런 문화가 권장할 만한 것이라고는 해도, 고경력 교사와 저경력 교사의 차이가 사라지는 것은 아니고, 사라지게 해서도 안 된다. 어떤 직업군이라도 다 마찬가지지만, 경험과 경력이 주는 힘은 무시할 수 없다. 고경력 교사의 경험과 경력을 우리는 존중해줄 필요가 있다. 그런데 애석하게도 고경력 교사의 경험과 경력을 존중하는 문화가 우리에게는 없다. 그렇기에 고경력 교사는 학교에서 알게 모르게 소외되는 경우가 많고, 소외되는 만큼 스스로 자신들의 존재 가치를 낮추어 보기도 하며, 더 이상 성장하고픈 욕구를 가지지 않는다. 성장의 욕구를 멈추어 버린 고경력 교사들은 다시 학교에서 소외되는 악순환이 반복되기도 한다.

　고경력 교사의 경험과 경력을 쉽게 보지 않았으면 좋겠다. 그들의 경험과 경력을 들어보지도 않고 너무 쉽게 '라떼'로 치부하지는 않았으면 좋겠다. 경력 교사들의 경험을 배우고 나눌 수 있는 자리가 있는 건 행운이다. 그런 행운이 일상이 되는 날이 오기를.

코로나와 함께한
6개월을 돌아보다

거의 대부분의 일에는 두 가지 감정이 교차한다. 그러나 그 두 가지 감정이 꼭 같은 크기로 있지는 않다. 대개는 한 가지 감정이 더 우세하기 마련이다. 코로나가 닥친 교실에 대한 내 감정이 그랬다. 학기 초, 지속되는 휴업, 아이들을 만나지 못한다. 수업을 하지 못한다. 그에 대한 두 가지 감정은 아이러니하게도 정반대 쪽에 서 있다. 아이들을 보지 못해서 아쉬운 마음, 아이들을 보지 않아서 안도하는 마음. 이렇게 솔직해도 되는지 모르겠지만, 나는 아이들을 보지 않아서 안도하는 마음이 더 컸다.

교직 경력 10년 가까이 됐건만, 나는 항상 부족함을 느낀다.

거침없이 교육

그런 부족함 속에서도 점점 성장하는 나를 느끼고, 앞으로도 계속 성장하고 싶지만, 나는 아직 많이 부족하다. 부족함을 느끼는 만큼, 아이들에 대한 부담감은 항상 크다. 부족하기 때문에 조금이라도 더 준비된 다음 아이들을 만나고 싶은 마음이 매일매일 반복된다. 그런데 그런 나의 부족함 때문에 아이들 만나는 걸 미루면, 그래서 아이들과 어떠한 상호작용도 만들어내지 못하면, 아무런 성장도 하지 못한다. 부족하더라도 만나서, 지지고 볶으며 성장하는 것이다. 지금껏 나는 그렇게 아이들을 만나왔고, 그렇기에 조금씩이나마 성장해 왔다.

그러나 아이들을 만나는 건 어쨌든 힘겨운 일이다. 고된 일이고 어려운 일이다. 다른 직업군보다 더 힘들다고 말하진 않겠지만, 그렇다고 덜 힘들다고 말할 수도 없다. 모든 일들이 나름의 힘듦이 있듯, 교직도 직접 해보지 않으면 느끼지 못할 나름의 힘듦이 있다. 그것에 대해 구구절절 적지는 않겠지만 말이다. 누구나 그렇지 않을까. 내가 현재 하고 있는 이 힘든 일들 하지 않고서도 직장을 다닐 수 있다면, 적어도 당장은 꽤 행복하지 않을까.

일생에 오지 않을 그런 순간이 코로나라는 재앙과 함께 왔다. 아이들을 만나 수업을 해야 하는 그 힘겨움에서 당장 나는 벗어났다. 힘겨움을 벗어나면서 느낄 수밖에 없는 기쁨의 감정이, 부적절하다는 걸 알기에 표현하진 않았지만, 내 깊은 곳에서는 분명 있었다. 수업 없는 행복한 날들을 보냈다. 아이들을 가르쳐야 힘이 나고, 아이들을 보면 설레고, 아이들을 가르치는 것에 무한 정한 보람을 느끼는, 그런 참된 교사가 나는 아쉽게도 아니다. 나는 부족한 교사다.

온라인 개학이 시작되다

2020년 3월 새 학기가 시작될 자리에, 한 달 반 정도의 휴업이 있었다. 노파심에서 이야기 하지만, 그 기간 동안 교사들이 아무 것도 안한 것은 아니다. 틈틈이 학부모님과 아이들에게 연락을 취해, 현재 상황을 물어보고 이상은 없는지 파악하는 작업을 했 다. 휴업일 동안 아이들이 해야 할 학습 거리들을 찾아 제시하고, 느슨하게나마 잘하고 있는지 관리를 하기도 했다. 휴업으로 인해 변경할 수밖에 없는 교육 과정을 조정하고, 그에 관한 문서 작업 을 했으며, 휴업 막바지에는 온라인 수업에 대한 고민과 준비에 정신이 없었다. 그럼에도 정상 등교할 때와 비교하면 노동 강도 면에서 현격히 적었던 건 부정할 수 없는 일이다.

그런데 노동 강도가 평소보다 적었다는 것 자체가 욕먹을 일 은 아닐 것이다. 어쩔 수 없는 일이었고, 내가 특별히 그로 인해 태만하지는 않았으며, 할 수 있는 한에서 할 일들을 했다. 다만, 이 시기 이후 많은 분들이 일자리를 잃거나 소득이 현격히 줄은 상황들에 대해 안타까움을 느끼며, 내 처지를 우쭐해 하지 않고 다행스럽게 여겼을 뿐이다.

4월 17일, 온라인 개학이 시작됐다. 초유의 온라인 개학이다. 다른 이들은 온라인 수업이 쉬워 보이거나 별 것 아닌 걸로 생각할 수 있겠지만, 나는 조금만 과장 보태서, 죽는 줄 알았다. 뭐가 그렇게 죽을 것 같았을까? 온라인 수업 준비하는 게 생각보다 너무 힘들고 준비할 게 많았기 때문이다.

일단 나는 '클래스팅'이라는 플랫폼을 사용했다. 클래스팅 플랫폼은 학습 관련 동영상을 링크를 끌어와 올릴 수 있고, 사진을 올릴 수 있다. 그리고 쪽수를 넘겨가며 다양한 형식의 문제를, 즉 객관식, 단답형, 서술형으로 직접 만들어 올릴 수 있다. 설명도 색색깔 바꿔가며, 밑줄, 진하기 등의 효과를 넣어가며 할 수 있다. 마치 파워포인트처럼 한 장 한 장 넘겨 가며 학생들은 학습할 수 있다. 첫째 장은 동영상을 보고, 둘째 장에서 설명을 읽고, 셋째 장 이후부터 문제를 풀고 하는 식이다.

이 클래스팅으로 한 과목 한 차시 만드는 데 얼마나 걸릴까? 관련 동영상 자료 찾고, 관련 설명을 예쁘게 편집해서 적어 넣고, 문제 만들고 하면, 최소 한 시간, 길면 두세 시간도 걸린다. 하루에 4차시에서 6차시 정도의 수업을 만들어야 하는데, 1시간씩만 잡아도 최소 4시간에서 6시간이라는 시간이 나오며, 2시간씩 잡으면 최고 12시간까지 준비하는 시간이 나온다. 첫 수업을 위한 첫 작업은, 익숙하지 않은 상황에서 했기에, 정말 거짓말 않고 밤새면서 준비했다. 첫 며칠을 이런 식으로 준비하니 잠을 거의 못 잤다. 이렇게 할 거면 등교 개학이 훨씬 편하다고 생각했다.

신문 기사나 어디 댓글에서, 온라인 수업을 별 것 아닌 것처럼 설명하거나, 교사들이 편하게 수업한다는 식의 표현을 봤을 때, 억울해서 미칠 지경이었다. 물론 나는 작은 학교라서 한 학년에 나밖에 없어 모든 수업 준비를 혼자 해야 했고, 초기에 익숙지 않아 더 그랬다. 그 후 좀 익숙해지고, '줌' 프로그램을 통한 화상 원격 수업을 병행하면서(화상 원격 수업이 어떤 면에서는 준비하기에 더 편하다) 한결 나아지기는 했지만, 여전히 쉽지 않았다.

온라인 수업이 쉽지 않다 보니, 등교 수업을 더 원하게 됐다. 아이들을 보고 싶어서가 아니라 수업의 편의성 때문이라니, 역시 나는 한참 부족했다.

등교 개학이 시작되다

5월 27일, 드디어 등교 개학을 했다. 코로나가 잠잠해지는가 싶더니, 막판 기승을 부려, 학교들은 난리도 아니었다. 언제 개학을 할지, 개학을 하면 어떤 방식으로 등교할지를 정하느라 말이다. 다른 학교들은 3분의 1만 등교할지, 3분의 2만 등교할지

거침없이 교육

정하는 것부터, 반반씩 나눠 하루씩만 등교하게 할지, 그냥 모두 이틀만 등교하게 할지 등 여러 가지를 정해야 했다. 내가 아는 많은 학교들은 3분의 1등교로, 한 반 중 절반의 아이들이 각각 하루씩만 등교하는 형태가 많았다. 내가 근무하는 학교는 전교생 45명, 내가 가르치는 반 학생 6명이 전부인 작은 학교라, 보통의 학교와 다르게, 전일 등교를 하기로 했다.

대통령의 어이없는 말마따나, 교사들은 '방역의 최전선'에서 방역 작업을 해야 했다. 아이들이 오면 바로 한 사람 한 사람 열을 재고, 손을 씻게 해야 했다. 모두 마스크를 써야 했고, 교사 또한 마스크를 쓰며 수업을 해야 했다. 마스크 쓰며 수업 하다 숨이 턱턱 막힌 적이 한두 번이 아니다. 할 만하다가도 가끔씩 오는 그 답답함이 생각보다 괴로웠다.

점심시간이 되면 또 한 사람씩 열을 재고 손을 씻은 후, 거리두기로 줄을 세우고 밥을 먹으러 간다. 밥을 먹을 땐 대화 금지다. 물론 수업 중이나 쉬는 시간에도 서로 간의 대화는 금지 된다. 한 사람이 다 먹었어도 혼자 올라 갈 수 없다. 혼자 올라가다가 또 어떤 접촉 행동들이 생길지 알 수 없기 때문이다. 모두 다 먹은 걸 확인 후, 같이 올라간다.

역시나 나는 작은 학교이기에 어느 정도의 융통성이 있지만, 위와 같은 모습은 대부분의 학교에서 매일 같이 반복하는 방역의 일상이었다. 수시로 소독제를 교실에 뿌리고, 방역 일일 체크 리스트를 작성하고, 그놈의 꼴도 보기 싫은 학부모 나이스 자가 검진 독촉(가정에서 온라인으로 자녀의 상태를 아침마다 매일 체크해 야 하는데, 안하는 학부모가 꼭 있어 담임교사들이 하라고 독촉해야 했 다. 안 돼 있으면 교육청에서 역으로 우리를 독촉한다.)은 덤으로 해 야 할 일이다.

다른 학교와 달리 작은 학교에 근무해서, 아이들은 매일 학교 에 오고 평소와 같은 수업을 했다. 아이들을 보니 또 귀엽고 좋았 다. 아이들과 함께 있는 동안은 열심히 수업하고 준비했다. 24시 간이 아이들 생각으로 꽉 찬, 엄청 참된 교사는 아니지만, 그래 도 그럭저럭 열심히 했다. 코로나로 인해, 매년 해왔던 여름 물 총놀이와 화채 만들어 먹기 같은 것들을 하지 못해 아쉬운 순간 들이 많았지만 말이다.

짧아진 방학 속에서

작은 학교다 보니, 그래서 학년에 나 혼자고 우리 반 아이들은 6명밖에 없다 보니, 내가 재량으로 할 수 있는 것들이 많았다. 다 른 학교에서는 힘든 일들이 이곳에서는 충분히 가능했다. 예를 들어, 25명 정도의 보통 학급에서는, 체험학습을 한 번 가는 것 자체가 대단히 크고 준비가 많은 일이었다. 지금과 같은 코로나 상황에서는 더더욱 불가능한 일이다. 그러나 6명의 아이들을 데리고는, 동네 근처 유적지를 오전만 체험학습으로 다녀올 수도 있다. 그것도 학교 스쿨버스를 이용해서 말이다. 한 학기 적응하다 보니, 무엇을 어떻게 해야 할지가 조금 보이기 시작하고, 아이들을 직접 만나니, 없던 의욕이 다행히도 생겼다.

방학은 고작 2주, 오직 쉬는 데 몰두하고 싶지만, 없던 의욕이 생긴 터라 2학기 교육 과정에 대한 고민을 하고 싶었다. 이런 적은 한 번도 없었는데, 그 고민이 설렜다. 내가 맡은 5학년의 2학기 사회는 오직 역사로 이루어졌고, 그에 맞춰 모든 교육 과정을 재구성할 생각이었다.

동학농민운동을 다룬 동화《서찰을 전하는 아이》를 읽고, 이걸 이번 '온작품 읽기'의 책으로 정하면 되겠다 싶었다. 우리 학교에서 연천으로 조금만 더 들어가면 있는 '연천통인동고인돌공원'에 가서 실제로 나도 처음 보게 될 고인돌 생각에 설렜다. 교과서에는 꽤 많은 유물들이 나오는데, 그 유물들을 대부분 소장하고 있는 '국립중앙박물관'에 교사 연수 이틀을 신청했고 그 날이 오기만을 기다렸다. 체험학습으로 계획한 이곳은 내가 공부하지 않으면, 그래서 아무것도 가르쳐주지 않으면, 아이들은 이 귀중한 곳에서 그냥 왔다 갔다만 하는, 의미 없는 시간을 보낼 뿐이다. 사회책의 역사 내용을 밑줄 그으며 공부했고, 집구석 어딘가에 처박혀 있던 한국사능력검정시험 필기 공책을 꺼내 참고했다. 내가 보는 TV프로그램의 8할은 〈역사저널 그날〉이었다.

다시, 또

코로나19가 다시 심각하다. 아직 방학인 우리 학교는, 다음 주 개학이다. 당장은 아닐지라도, 앞으로 전면 원격수업의 가능성이 많아진 현실이다. 생각해보면, 원격수업이 초기에 많이 힘들긴 했지만 익숙해지고 나서는 준비하는 데 크게 어렵지는 않았다. 직접 가르치는 것보단 확실히 더 편한 부분이 있었다. 나는 다시, 또 2학기를 편하게 수업할 수 있는, 행복한 날들을 보내게 될까. 편하고 행복한 날들을 그렇게 원해 왔건만, 나는 왜 이리도 찜찜한가. 2학기, 아이들과 나는, 만날 수 있을까.

거침없이 교육

교사,
왜 튀면 안 되는가

어떤 한 반이, 튄다고 가정을 해보자. 그것도 교육적으로 좋은 쪽으로 말이다. 예를 들어, 《초등학급운영 어떻게 할까?》를 지은 이영근 선생님처럼, 학교 등교하기 전 아이들과 만나 주변 동산에 오르고 아침을 같이 먹으며 하루를 시작하는 '아침 햇살'을 한 다든지, 일주일에 한 번 마지막 날 주제를 정해 모두가 함께 재미있는 분장을 하거나, 같은 옷을 입어 일체감을 느끼며 재밌게 즐기는 '아띠'를 한다든지, 기타 동아리를 만들어 모든 아이들이 기타를 치며 즐겁게 노래하는 모습을 보인다든지, 아이의 생일 날 간단한 선물과 함께, 아이의 신청곡을 교사가 불러주고 교사가 아이를 업고 교실을 한 바퀴 도는 식의 특색 있는 생일 파티를 한다든지 하는 등의 모습으로 말이다.

물론 성급하게 일반화해서도 안 되고, 학교마다, 선생님마다 다 다르긴 하지만, 교직 사회는 튀지 말아야 하는 분위기가 은근하게 흐르고 있다. 좀 튀면 안 되는가? 안 된다. 왜일까? 그 튀는 행동이 교육적이지 않은 행동, 예컨대, 학교 한켠에서 교사가 담배를 핀다거나, 아이들에게 체벌을 한다거나 단체 기합을 주는 등의 행동도 아닌데 말이다. 교육적 열정이 과해서 생긴 튀는 행동일 뿐인데, 대체 왜 안 되는 걸까?

이유는, 민원과 관련이 있다. 물론, 그 튀는 반 자체는 민원이 없다. 그 반 학부모 만족도는 당연히 상당히 높다. 문제는 다른 반 학부모의 민원이다. 말이 들려오기 시작한다. '어떤 반은 이러저러한 것들을 한다는데, 우리 반은 그런 거 안 하냐.'

이 '옆 반은 하는데 우리 반은 안 하냐'는 한마디는 매우 강력하게 교사의 가슴 속을 파고든다. 이 민원이라는 게, 꼭 교사에게 대놓고 정식으로 제기하는 것만을 얘기하지는 않는다. 건너건너 입소문처럼 들려오는 것까지 포함된다. 입소문이 더 무섭다. 그 얘기가 얼마나 깊고 넓게 퍼졌는지 모르기 때문이다. 사람들은 누구나 자기 평판에 민감하며, 옆 사람과의 비교는 치명적이다.

학부모의 입소문도 치명적이지만, 더 치명적인 건, 매일 얼굴을 보고 마주하는 내 반 아이들이다. 아이들의 직접적인 '민원'이 가장 치명적이다. "선생님, 옆 반은 저거 하는데 우리는 저런 거 안 해요?" 그 말 한마디가 얼마나 강력하게 비수를 찌르는지 모른다. 방어심리가 작동해 교사들은 "그거 하고 싶으면 옆 반으로 가!"라고 농담 반 진담 반식의 협박을 하기도 한다. 그러고서는 그 '튀는 교사'의 얼굴을 떠올린다. 내가 이런 민원을 받은 건 다 그 '옆 반 튀는 교사 놈' 때문이다!

물론 이렇게 직접적으로 날선 감정을 표현하진 않는다. 하지만 그 옆 반 튀는 교사의 튀는 학급 운영에 알게 모르게, 알 듯 모를 듯 불만을 드러낸다. "나도 옛날엔 저런 거 많이 했었는데, 다 부질없어." "선생님, 너무 대단해요. 우리 반 애들도 막 그거 하자고 그러는데 난감해서 죽는 줄 알았어. (농담 식으로 웃으면서) 적당히 좀 해줘요."

'튀는 교사'에게는 저런 말들이 은근한 압박으로 다가온다. 아, 내가 혹시 다른 반 선생님들에게 피해를 주고 있는 건가, 하는 생각에 아이들과의 활동 하나하나가 조심스러워진다. 그래서 아이들과 매우 즐겁게 하던 활동들도 하지 않거나, 몰래 할 지경에 이르는 것이다. 이게 뭐하는 짓일까. 이런 모습이 과연 건강하다고 할 수 있을까?

어떻게 해야 할까?
- 튀는 교사 옆 반 교사가 가져야 하는 마음가짐

튀는 교사가 튀지 좀 않았으면 하는 그 심리가, 이해 안 가는 바는 아니다. 비교 당하면서, 순식간에 열심히 하지 않는 교사 취급당하는 심정이 오죽할까. 나도 나름대로 열심히 해왔고, 학급 운영을 잘 해왔다고 생각했는데, 그 옆 반 때문에 무너지는 것 같다.

그러나 그렇다고 해서 잘하고 열심히 하는 교사를 위축시키는 게 잘하는 짓은 아니다. 옆 반 튀는 교사가 비교육적 행동을 해서 우리 반에 영향을 끼치거나, 직접적으로 피해를 주는 행동을 하는 게 아니라면(그 반에서 자주 함성소리가 들려 수업에 지장을 준다거나, 수업 시간 중 떠들며 복도를 돌아다니는 아이가 많다거나 하는 게 아니라면) 당연히 그 반의 수업과 교육 방식을 존중해줘야 한다. 그건 너무나도 당연해서 더 강조하기도 민망하다.

그럼 아이들과 학부모의 민원은 어떻게 해야 하는가? 계속 듣고만 있어야 하는가? 일단, 교사 본인의 교육과, 자기 반 아이들을 돌아볼 필요가 있다. 내가 잘못한 게 있는가? 내가 부족한 게 있는가? 내가 잘못한 게 있고 부족한 게 있으면 이 기회를 삼아 고치려고 노력하면 된다. 옆 반에 자극받아 더 좋은 수업을 만들고 더 좋은 학급 운영을 한다면, 나에게 좋으면 좋았지 나쁘지 않다.

옆 반은 긍정적인 영향을 나에게 미친다.

그런데 내가 특별히 잘못한 게 없다면? 내가 부족한 것도 그렇게 크지 않고, 내 나름의 학급 운영 방식이 있어 굳이 옆 반처럼 할 필요가 없다고 생각된다면? 그렇다면 굳이 옆 반 때문에 흔들리지 말고 내 중심을 잡고 굳건히 지금처럼 해 나가면 된다. 학부모와 아이들의 민원이 그럼에도 계속 지나치게 제기된다면, 그건 어쨌든 학부모와 아이들의 문제이지 내 문제가 아니라는 것은 짚고 넘어가야 한다. 아들러(Alfred Adler)의 말을 끌어와 표현하자면, '타인의 과제'를 내가 과하게 끌어안을 필요가 없다. '과제 분리'가 필요하다.

"여러분들이 옆 친구와 비교하는 걸 싫어하듯이, 선생님도 다른 반 선생님과 비교하는 건 싫어요. 옆 반과 비교하지 말고, 우리 반에 문제가 있다고 생각되는 게 있다면 차근차근 얘기해줘요." 이런 정도의 말을 아이들에게 해야 하지 않을까. 괜히 열심히 하는 애먼 옆 반 튀는 교사 잡지 말고.

어떻게 해야 할까?
- 튀는 교사가 가져야 할 마음가짐

튀는 교사는 쫄지 말아야 한다. 하지만 한 번쯤 문제의 소지가 있지는 않은지 살펴볼 필요는 있을 것이다. 앞서 소개한 이영근 선생님이 정시 등교 전 아이들과 산에 올라 아침 먹고 이야기 나누는 '아침 햇살' 프로그램도 기안을 올리고 관리자의 결재 하에 한다. 어쨌든 우리는 공교육 교사이기에 앞뒤 가리지 않고 내 열정을 무작정 쏟아 붓는 게 꼭 옳은 것만은 아니다. 안전을 생각해야 하고, 적절한 법의 테두리 안에서 교육을 해야 한다.

그렇게 안전상 문제가 없고, 법적인 테두리 안에서 이루어지는 교육 활동이라면, 그야말로 정말 쫄지 말아야 한다. 주변의 시샘과 압박에 개의치 말아야 한다. 가장 중심이 돼야 할 것은, 아이들이다. 내가 하는 교육이 아이들에게 의미가 있는가, 없는가를 따져야지, 내 주변 선생님들이 내 교육적 열정에 불편해할지 안 할지를 따지는 건, 본말이 전도됐다. 그게 쉽지 않다는 걸 안다. 옆 동료 교사를 불편하게 만드는 건 참 싫은 일이다. 하지만 그건 옆 동료 교사가 해결해야 할 문제이다. 그 또한 '나의 과제'가 아니며, '과제 분리'가 필요한 일이다. 다만, 옆 동료교사에게 도움이 필요하다면 성심성의껏 도와줄 수는 있을 것이다. 내가 가지고 있는 노하우와 자료를 아낌없이 풀어야 한다. 거만하지 않고 겸손하게.

거침없이 교육

어떻게 해야 할까?
- 관리자가 가져야 할 마음가짐

관리자의 역할도 상당히 중요하다. 튀는 교사의 교육적 열정을 위축시켜서는 당연히 안 된다. 그런 교사들이 자유롭게 자신의 뜻을 펼칠 수 있도록 지원해줘야 한다. 그러나 여기서 중요한 것은, 이 튀는 교사의 열정과 교육적 노력을 마치 모든 교사들이 본받거나 따라해야 할 것처럼 이야기해서는 안 된다는 점이다. 그것이야말로 튀는 교사의 교육적 활동을 위축시키는 행동이다.

모든 교사들은 각자 그 자리에서 최선을 다하고 있다는 믿음 하에 격려하고 지지해줘야 한다. 튀는 교사의 열정과 그렇지 않은 교사의 열정을 비교하여 교사들의 사기를 꺾지 말지어다. 그렇지 않았던 다른 교사가 자기의 교육적 열정을 내비쳤을 때, 그 열정을 마음껏 펼칠 수 있도록 또 지원해주면 그만이다. 관리자의 오지랖은 적을수록 좋다.

오지랖이 많아야 할 때도 있긴 하다. 바로 학부모 민원 앞에서다. 교장이 학부모 민원도 직접 나서서 "학부모님! 그게 아닙니다. 선생님들을 비교하지 말아주세요. 그러면 아무도 좋은 활동 못합니다. 선생님들을 믿고 지켜봐주세요!"라고 시원하게 말해줄 수도 있어야 한다. 민원에 휘둘려 교사들에게 이래라 저래라 한다면, 교육 활동은 위축되고, 의미 있는 활동들은 점점 자취를 감추게 된다.

사실, 그 어떤 것보다 관리자의 영향이 크다. 관리자의 허용치가 넓어 어떤 교육 활동이더라도 자유롭게 할 수 있는 분위기를 만들어주면, 열심히 하는 교사들은 알아서 빛을 발할 것이고, 옆 선생님들 중 영향 받을 사람들은 알아서 영향 받고 변할 것이다. 영향 받지 않고 자기 하던 대로 중심을 지켜 가던 선생님들은, 알아서 자기 갈 길 열심히 갈 것이다.

온라인 수업, 욕먹을 수밖에 없는 교사

온라인 수업, 말도 많고 탈도 많다. 교육부는 현장과의 교감은 제대로 하지도 않은 채, 교육부 관료들이 옳다고 여기는 바대로 결정하고 발표했다. 교사들은 항상 TV의 교육부 발표를 듣고 새로운 사실을 알았다. 코로나 시대, 긴박하게 결정하고 발표할 수밖에 없는 그들의 사정도 이해하려면 할 수도 있을 것이지만, 아쉬운 것은 어쩔 수 없다.

온라인 수업도 급작스럽게 발표했는데, 그래도 그건 최소한 안정적인 플랫폼을 구축하고서 했어야 했다. 그러나 그러지 못했다. 이학습터와 ebs 온라인클래스의 버벅거림은 초기 혼란을 초래했고, 플랫폼 자체도 제한된 기능밖에 없는, 다소 불편하고 불완전한 것이었다.

거침없이 교육

일부 학부모들의 비난은 거셌다. 부실한 플랫폼에 부실한 수업이 들어갈 수밖에 없으니, 한편으로는 당연한 결과였다. 하지만 이런 비난이 교사들에게 향해져야 하는지는 의문이다. 교사들은 교실에서 아이들과 부대끼며 대면 수업을 하는 사람들이다. 대학에서도 그걸 전제하며 공부해왔고, 지금껏 교실 속에서 의미 있는 만남과 수업을 만들어왔다. 교사들은 단적으로 말해 교실 수업 전문가다. 다소 무책임하게 들릴 수 있으나, 온라인 수업 전문가는 아니라는 말이다. 그리고 지금은 임시 상황이라 판단했고, 상황이 나아진다면 언제고 교실 수업을 할 준비를 하고 있다. 최근에 와서야 어쩌면 이게 임시가 아니라 계속될 상황일 수도 있다는 끔찍한 상상도 해야 했지만 말이다.

　이런 상황 속에서 교사 개인이 온라인 수업의 질을 올리기 위해 고군분투하기를 원하는 건 너무 무리한 요구다. 학교에 온라인 수업을 하기 위한 각종 장비와 지원 체제가 체계적으로 갖춰지지 않았다. 그건 개개인이 어떻게 하기에 참으로 어려운 부분이다. 당연히 교육부와 교육청 차원의 지원이 있어야 가능한 일이다. 하지만 그런 지원은 없다시피 했다. 이학습터와 온라인 클래스를 활용하도록 했지만, 앞에서 이야기했듯, 부실했다. 부실한 지원 속에, 부실한 수업이 나오는 건 당연하다.

온라인 수업, 튀지 말라는 무언의 압박

지금부터 하는 온라인 수업에 대한 얘기는 위의 얘기와 결이 조금 다르다. 위에서 교사가 할 수 있는 게 제한적이라고 말했다. 대체적으로 그러하고, 그 제한성을 교사들 탓으로 돌리는 건 여전히 과하다고 생각한다. 그러나 교사들은 그런 와중에도 돌파구를 찾으려 꾸준히 노력했다. 이것저것 알아보고 장비를 구입해 스스로 영상을 제작하고 올리는 교사가 많아졌다. 온라인 수업으로 할 수 있는 각종 반짝반짝한 아이디어들도 넘쳐났다. '줌' 프로그램으로 화상수업을 하기도 했다. 쉽지 않은 일인데 말이다.

그런데 이렇게 돌파구를 찾아 나서는 교사들을 격려하고 응원해도 모자랄 판에, 찬물을 끼얹은 건, 다름 아닌 교사들 자신이었다. 튀지 말아야 하는 이 몹쓸 문화가 여기서도 여지없이 작동을 해버린 것이다. 많은 교사들이 온라인 수업에서 특히 더 튀지 말아야 한다고 생각했다. 학교 차원에서 온라인 수업 플랫폼을 통일한 경우가 많았고, 그것만을 쓰길 원했으며, 그 외에 다른 플랫폼을 쓰는 게 용납되지 않는 학교가 의외로 많았다. 혼자 '줌'으로 화상 수업을 하면, 눈치를 봐야 했다. 너 혼자 튀지 말라는 무언의 압박이 생각보다 크게 작용했다. (이제 와서 교육부는 쌍방향 실시간 수업을 사실상 '강제'하니, '줌'은 거들떠보지도 않고 그걸 사용하는 사람에게 무언의 압박까지 줬던 사람들이, 이제 와서 억지로 '줌'

을 사용해야 하는 웃지 못할 일이 벌어졌다. 이게 좋은 건지는 또 모르겠다. 이에 대한 얘기만 또 한 바닥이다.)

우리 안의 전체주의를 뚫고

그릇된 모습들이다. 그건 다름 아닌 전체주의다. 다양성이 제대로 존중되지 않는, 한 사람의 튀는 사람도 보아 넘기지 못하는 전체주의 문화. 그 문화가 교직 사회 안에 아직 있다. 전체주의 문화가 교직 사회 안에 있다는 건 부끄러운 일이다. 그러나 부끄럽다고 덮을 일은 아니다. 우리 안에 전체주의가 있음을 솔직히 인정하고 조금씩 걷어내려고 노력해야 한다.

많은 교사들은 이미 그 문화를 뚫고, 많이 튀고 있다. 나는 글만 싸질러 놓고 정작 튈 능력도 용기도 없다. 다만, 그럴 용기와 능력과 열정이 있는, 수많은 튀는 교사들을 열렬히 응원하고 지지한다. 튀지는 않지만, 묵묵히 자기 자리에서 최선을 다하는 교사들은 물론이고.

왜 그렇게 승진을 하려 하는가

| 승진 이야기 ①

"노근이는 교장까지 해야지."

교사가 되고 난 후 아버지께서 내게 하신 말씀이었다. 아버지 세대에서 충분히 하실 수 있는 말씀이었다. 그 시대는 남자가 가정을 책임져야 하는 가장이었고, 그런 가장은 할 수 있는 한 최대한 높은 자리까지 올라가는 것이 미덕을 넘어 당연한 것이었다. 왜인지 모르게 그런 것들에는 반발심이 들었고, 나는 승진을 할 생각이 없음을 내비쳤다. 감사한 것은, 아버지 속마음이야 어떤지는 잘 모르겠지만, 그 이후로 딱히 내게 승진에 대한 이야기를 꺼내지 않으신 것이었다.

더 이상 들을 일 없을 줄 알았던 승진 이야기는, 적어도 남자

거침없이 교육

에게는 숙명 같은 것이었다. 이후, 조금 과장 보태면, 시도 때도 없이 들었다. '승진을 하라, 나중에 후회한다'가 주 맥락인 그런 얘기들이다.

"나도 원래 승진 생각 없었어. 그런데 어쩌다가 교육청 일을 많이 하게 됐는데, 주변에서 승진하려는 사람들이 많이 보이는 거야. 처음에는 별 생각 안 들다가 나보다도 어린 사람들, 친구들이 막 교감이 되고 하니까, 기분이 좀 그렇더라고. 뒤늦게 준비해서 늦게 승진을 하니깐 좀 그래. 그러니깐 지금은 생각 없더라도 나중에 생각이 바뀌고 후회할 수 있으니깐 일단 준비해봐."

한 교감 선생님께서 본인의 경험을 토대로 진심을 담아 말씀해 주신 것이 아직도 기억에 남는다. 죄송하지만, 한 귀로 듣고 한 귀로 흘렸다. 이후, 많은 사람들이 비슷한 뉘앙스의 말들을 해주었다. 모두 나를 위한 말임을 믿어 의심치 않는다. 그러나 또 죄송하게도, 모두 한 귀로 듣고 한 귀로 흘렸다.

왜 승진을 하려 하는가

승진을 하려는 사람들을 존중한다. 모두 각자의 이유가 있고 각자의 사정이 있다. 승진 준비하는 사람들이라고 해서 모두 다 자기 반 애들을 나 몰라라 하지 않는다는 것을 안다. 또 그 중에는 교육을 위한 큰 뜻을 품고 준비하는 사람들도 있고, 그건 그것대로 정말 멋진 일이라고 생각한다. 《학교 내부자들》을 쓰신 박순걸 교감 선생님을 보면, 와 저런 관리자도 있구나, 하고 감탄이 절로 나온다.

그러나 비루한 이유로 관리자가 되려는 사람들도 있고, 교육이 아니라 승진 자체가 목적이 된 사람들도 있다. 승진의 목적이 교육의 테두리를 벗어나면, 그 승진은 이미 제대로 된 승진이 아닌 것이다. 그런 승진은 비판받아 마땅하며, 그런 승진은 사라져야 한다.

사람들은 왜 승진을 하려는 걸까.

첫째, 외부의 시선 때문이다. 남자의 경우 여전히 승진의 굴레에서 벗어나지 못하는 게 많다. 남자인데 승진을 안 하면 무언가 문제가 있는 것으로 보는 시선이 있다. 능력이 없다고 생각하기도 한다. 평교사로 정년퇴직 혹은 명예퇴직을 하는 남교사를 초라하게 바라보는 시선이, 예전에 비해서 줄긴 했지만, 여전히 있다. 나에게 조언을 해주신 어떤 선생님은 실제로 이렇게 얘기하신 적이 있다.

"선생님, 이거 학교폭력 가산점 신청해서 얼른 따요. 승진 생각해야지."

"저 승진 안 할 건데요."

"승진을 왜 안 해. 특히 남자가 승진 안 하고 나이 들어서 학교에 있으면 좀 그래."

"승진 안 하고 그냥 담임선생님으로 멋지게 남아 있을 건데요."

담임선생님으로 멋지게 남아 있겠다는 내 말은 씨알도 먹히지 않았다. 남자 교사가 나이 들어 학교에 남아 있으면 보통은 아무 일도 안 하려고 하는데, 여간 골칫거리가 아니라는 것이다. 그런 모습 보이지 말고 승진을 하라고 했다.

그렇다. 승진을 하지 않는 나이든 남교사는 그런 취급을 받는다. 그런 애물단지 취급을 받는 것은 매우 두려운 일이다. 의외로 승진을 하고픈 강력한 동인은, 무시 받지 않고 명예롭고자 하는 욕망에서 온다. 이해가 안 가는 바는 아니다. 누가 그런 취급을 받고 싶겠는가. 게다가 내 동기들은 다들 교감이고 교장이고 돼서, 어깨에 힘 들어가 있는데, 나만 평교사면 얼마나 볼품없어 보이는가. 친구 만나기도 꺼려질 것이다.

그러나 이것이, 승진을 하는 온당한 이유가 될 수는 없다. 언제나 중심은 외부의 시선이 아니라 내 자신이어야 한다. 그리고 교육이어야 한다. 외부의 시선에 영향 받는 승진이란 되려 얼마나 초라한가. 그런 승진은, 결국 교장이 돼서도 줏대 없이 휘청 휘청 흔들릴 것이다. 교육은 온데간데없어질 것이다. 이런 승진은, 비판할 수밖에 없다.

막말로 교사는, 다른 직업처럼 승진 안 하면 잘리는 것도 아니지 않은가. 승진 안 한다고 생계가 위협받지도 않는다. 급여 차이가 엄청 크게 나지도 않는다. 좀 더 당당해져도 된다. 나이든 평교사를 문제 있는 교사로 보는 그 시선이 오히려 문제다. 그런 시선으로 승진하지 않는 평교사를 바라보는 사람들을 되려 비판할 필요가 있다.

둘째, 아이들에게서 멀어지고 싶어서다. 이게 무슨 말인가? 아무리 그래도 아이들에게서 멀어지려고 승진을 한다고? 정말로 그런 사람들이 있을까? 있다. 그런 사람들이 생각보다 많다. 그리고 나는 그런 분들 중 일부는 충분히 이해하고 공감한다. 내가 이해한다고 그렇게 말할 수 있는 것은, 근래의 아이들 중 일부는 상상 이상으로 힘들기 때문이다. 게다가 대체적으로 아이들은 힘들어지고 있다. 선생 알기를 우습게 알기 때문이다. 아주 비근한 예로 온라인 수업 중 일어나는 상황을 볼까?

'서울의 한 초등학교 교사 B씨는 학생으로부터 쌍방향 수업 중간에 조리돌림을 당했다. B씨가 줌으로 수업을 진행하는 동안 한 학생은 단체 대화방에 욕설과 함께 '저 사람은 선생님이 아닌 것 같음'이라며 B씨에 대해 험담하는 한편, 수업 중인 B씨의 모습을 캡처해 본인의 카카오톡 프로필 사진에 올리며 상태 메시지에 B씨에 대한 내용을 적기도 했다.'(〈채팅창에 "영어선생이면서 발음 X 구리네"…도 넘은 사이버 교권침해〉, 헤럴드경제, 2021. 4. 1)

이런 일은 요새 너무나도 흔하게 일어난다. 심지어 교사를 폭행하거나 성희롱 하는 사례도 심심찮게 보고되고 있다. 이런 일들에 대해 무조건 학생 탓만 할 일도 아니고, 교사의 학생에 대한 인권 침해에 대해서도 균형적으로 바라봐야 한다고 생각한다. 그리고 이런 학생 변화의 기원을 따지고 들어가면, 교사의 원죄도 무시할 수 없을 거라는 게 내 판단이다. 어쨌든 그 이유야 뭐건 간에 아이들은 과거에 비해 교사들을 훨씬 우습게보고 함부로 대하며, 거칠어진 게 사실이다. (여기서 또 오해하지 말아야 할 것은, 대부분의 아이들은 착하고 선생님 말씀도 잘 듣는다는 사실이다. 하지만 전반적인 분위기가 바뀐 것도 사실이고, 교사를 우습게 여기는 아이들의 비율이 많아진 것도 사실이다.)

학생에 의한 교권 침해는 때로 감당할 수 없는 수준이다. 그 정신적인 충격은 여타 다른 것과 비교 불가다. 성인에게 욕을 먹는 것과 학생에게 욕을 먹는 것, 성인에게 폭행을 당하는 것과 학생에게 폭행을 당하는 것은 차원이 다른 일이다. 전자도 힘든 일인데, 후자는 보통 수준의 힘듦을 뛰어넘는다. 가르치는 아이에게 면전에서 쌍욕을 먹는 그 느낌을 아는가. 당해보지 않았다면 말을 마시라.

그런 상황 속에서, 내 자존감을 지키는 방법은 때로 회피하는 일이다. 이런 상황을 해결해 줄 수 있는 시스템이 갖춰져 있지 않은 열악한 한국의 교육 환경 속에서(한국의 교육 환경이 무작정 열악하다고 생각지 않는다. 그러나 어떤 부분은 확실히 열악하다), 교사는 회피하고 싶다. 그 회피처 중 하나가 승진이다. 물론, 이런 상황과 상관없이 아이들이라면 그저 싫은 사람이, 맞지 않는 옷을 입어 교사가 돼 승진을 하는 경우도 꽤 있을 것이다. 이런 경우라면 애초에 교사가 되지 말았어야 했고, 이왕 교사가 됐다면 치열하게 고민하고 자신을 교육적 틀에 맞춰갔어야 했다. 그렇지 않고 큰 고민 없이 무작정 아이들이 싫어 승진을 하는 경우라면, 비판받아 마땅하다.

그런데 충분히 교육적 열의도 있고 역량도 있는 사람이 교권 침해 상황을 견디지 못해 승진을 하는 경우라면 조금 달리 생각해볼 부분은 있는 것 같다. 그냥 안타까운 경우다. 그러나 이런 연유로 승진을 하는 이들도, 교육의 끈을 놓으면 안 된다. 관리자의 자리에서 교사들과 아이들을 위해 할 수 있는 최대한의 일을 해야 한다. 그럴 경우에야 비로소 비판에서 자유로울 수 있다.

셋째, 학급 운영 능력보다 행정 업무 능력이 더 탁월해서다. 교사는 원하든 원하지 않든, 행정 업무를 해야 한다. 그게 옳은 건 아니다. 교사는 수업과 학급 운영에 집중하는 게 맞다. 그러나 현재의 시스템으로는 교사도 행정 업무를 해야 한다. 그런데 어떤 이는 학급 운영보다 행정 업무에 더 능력을 발휘하는 이가 있다. 여기서의 행정 능력은, 단순 행정 업무 처리부터, 학교 시스템을 전체적으로 조망하는 능력까지를 포함한다. 그런데 만약 단순 행정 업무를 잘해서(무엇을 새롭게 만들어 내기보다, 기계적으로 입력하고 처리하는 것을 빠르고 정확하게 잘하는 경우) 관리자가 되고 싶은 거면, 방향을 잘못 짚었다. 그럴 거면, 9급 공무원 시험을 친 후 행정 공무원으로 가서 차차 성장하는 게 낫다. 여기서 말하는 행정 업무의 핵심은, 시스템을 파악하고 전체를 조망하는 능력이다. 이 능력은, 학급 운영을 잘한다고 해서 꼭 갖춰지는 건 아니다. 확실히 관리자로서 필요한 능력이고, 승진을 하는 나름의 온당한 이유가 될 수 있다. 다만 이 경우에도 끊임없이 교육과 조우하지 않으면 안 된다. 교육을 잃어버리면, 겉으로 보이는 행사, 겉으로 보이는 건물의 외양에만 신경 쓸 가능성이 많다. 능력이 출중해 예산을 잘 끌어와 새로운 건물을 짓는다 하더라도, 그 건물이 교육적으로 무슨 쓰임이 있는지를 미리 생각하지 않는 관리자는 역시 비판에서 자유로울 수 없다.

넷째, 학교를 자신의 교육 이념과 뜻에 따라 변화시켜보고 싶어서다. 이제껏 제시한 승진을 하려는 이유 중 가장 온당하다. 평교사로서 할 수 있는 교육 실천과 학교 관리자로서 할 수 있는 교육 실천의 영역은 다르다. 그 실천에 있어 누가 더 우월하다고 할 수는 없겠지만, 한 학교에 미치는 관리자의 영향력이 평교사에 비할 수 없이 큰 건 사실이다. 그 영향력은 오로지 교육을 고민하고 실천하는 관리자가 사용해야 마땅하다. (궁극적으로 그 영향력을 분산하는 것도 생각해 봄 직하지만 말이다.)

껍데기는 가라

이 네 번째 이유가 승진을 하고자 하는 핵심이 되어야 한다. 그리고 세 번째 이유, 즉 행정 능력이 뒷받침되면 금상첨화다. (그런데 앞에서도 이야기했듯, 행정 능력만 있고 교육에 대한 고민이 없는 승진은 무의미하다.) 승진을 하려는 많은 이들이 제발, 외부의 시선을 이유로, 그리고 아이들에게서 멀어지려는 이유로 관리자가 되지는 않았으면 좋겠다. 껍데기에 집착하는 승진, 관리자는 지금까지 차고 넘쳤다. 희망적이게도, 그렇지 않은 분들이 점점 눈에 보인다.

껍데기는 가라. 교육적 열정과 교육적 실천만 남겨두고, 껍데기는 가라.

거침없이 교육

나는 왜 승진을 하지 않는가

| 승진 이야기 ②

승진과 관련한 글을 쓰면서 나를 돌아보게 되었다. 승진에 대한 막연한 반발심만 있었지, 내가 왜 승진을 하지 않으려는지, 진지한 고민이 부족했다. 나는 왜 승진을 하지 않는가.

첫째, 능력이 없다. 능력이라는 것에는 여러 층위가 있을 수 있겠는데, 여기서는 관리자로서의 업무 수행 능력이라고 볼 수 있겠다. 앞글 〈왜 그렇게 승진을 하려 하는가 – 승진 이야기 1〉에서 이야기한 행정 능력이 여기 포함된다고 할 수 있다. 일단 나는 행정 업무에 젬병이다. 일 하나 처리하는데도 시간이 매우 오래 걸리고 오타도 많다. 내야 할 것을 매번 늦게 제출하기 일쑤다. 이런 기초적인 행정 업무 능력은 그렇다 치더라도, 전체 시스템을 조망한다는 의미의 행정 업무 능력도 내게 있는지 의문이다. 교직에 들어온 지 10여 년 가까이 흘렀건만, 나는 아직 학교가 어떻게 돌아가는지 모르는 부분이 너무 많다.

또 한 가지 관리자로서 가장 중요한 업무 수행 능력은 리더십이다. 물론 지금까지 관리자에게 요구되었던 리더십이 '카리스마적 리더십'이었다면, 이제부터 필요한 리더십은(사실 한참 전부터 필요했던 리더십이었다) '민주적 리더십'이다. 각 구성원들의 의견에 귀 기울이고, 의견을 조율하며, 또 책임질 땐 책임질 수 있어야 한다. 나에게 그런 '민주적 리더십'이 있는지 잘 모르겠다. 내 능력에 의문을 갖는 상태에서 도전을 하는 건 무모한 짓이다. 그렇다고 나에게 한 학교를 변화시키고픈, 큰 '교육 비전'이 있지도 않다. 나는 그저 내게 맡겨진 한 학급의 아이들과 삶을 가꾸며, 한 해 한 해 즐겁고 행복하게 잘 살아가고 싶을 뿐이다.

둘째, 다른 이의 시선에서 자유롭고 싶어서다. 애초부터 나는 관리자의 꿈을 갖고 있지 않았다. 내가 관리자가 되어 나름의 의미 있는 역할을 수행해 교육에 이바지하고 싶은 그런 큰 꿈을 가지고 있었다면 모르겠다. 그런데 나는 그렇지 않았다. 그런 바에야 '남자는 승진을 해야 한다'느니 하는 외부의 시선에 휘둘릴 필요가 없다고 생각했다. 그런 시선들에 휘둘려 승진을 하는 분들도 꽤 있을 듯싶지만, 앞글에서도 이야기했듯 그게 바람직한 것

거침없이 교육

은 아니다. 나는 다른 이의 시선에서 자유롭고 싶다. 나이 들어서도 남들에게 민폐 끼치지 않으면서, 아이들과 함께 삶을 가꾸는, 그런 멋진 평교사가 되고 싶고, 그게 가능하다는 걸 보여주고 싶다. 그리고 그것 자체로도 충분히 의미 있고 뜻 깊은 일이라는 것을 사람들에게 몸으로 말해주고 싶다. 평교사로 남는 이들에 대한 사회적 편견은 마땅히 걷어치워져야 옳다.

셋째, 비본질적인 것에 신경 쓰기 싫어서다. 어쩔 수 없다. 승진을 준비하려면 본질적이지 않은 것에 신경을 써야 한다. 남들이 하지 않는 업무들을 맡아야 하고, 승진 점수를 따기 위해 내가 원하지 않는 것들을 많이 해야 한다. 그러다 보면 내가 맡은 아이들에 소홀해지기 십상이다.

물론 승진을 준비하기 위해 해야 하는 것들이, 형식적으로야 모두 교육과 관련이 있는 것들이다. 교육 관련 연구 보고서를 쓴다거나, 교육 관련 학과로 대학원을 가야 한다거나, 벽지 학교를 가야 한다거나, 학교 폭력 지도 실적을 제출해 가산점을 받는다거나 등등. 겉으로는 모두 교육 활동을 하는 데 도움이 되는 것들처럼 보인다. 실제로 아는 선생님은, 인성 교육 보고서를 쓰면서 자기 수업을 성찰하고 적용해 보며 참 많은 도움이 됐다고 한다. 그런 경우가 없지는 않을 것이고, 그렇게 실제 자기 교육에 접목하기 위해 노력하시는 분들을 존경한다.

그러나 가끔씩은 본말이 전도되어 승진을 위한 연구 보고서, 대학원, 학교폭력지도 가산점 그 이상도 이하도 아닌 경우를 보게 된다. 수업에 제대로 적용해 보지도 않고 보고서만 그럴듯하게 꾸미거나, 실제 공부보다 졸업을 잘 시켜주는 대학원을 찾아서 다닌다거나 하는 경우는 사실 부지기수다.

나는 내 교육활동에 도움이 되는 것들이라면, 굳이 승진을 위해서가 아니라, 내 의지로 하고 싶다. 승진 점수나 공식적인 교육 연구 활동으로 인정해 주지 않더라도 말이다. 그리고 지금까지는 비교적 그렇게 해왔다고 감히 말한다. 아직 부족한 게 많지만 나름대로는 본질이 무엇인지를 생각하면서 외적인 조건, 비본질적인 것들에 휩쓸리지 않으려고 노력해왔다.

승진을 위해서는 또 근평(근무평정 점수)이라고 해서, 관리자가 주는 점수를 잘 받아야 한다. 당연히 관리자의 비위를 맞출 수밖에 없다. 할 말, 못 할 말 가려서 해야 한다. 관리자의 의견에 반하는, 그러나 교육적일 수 있는 말들을 하기가 힘들어진다.

내가 무슨 엄청난 반골 기질이 있어, 관리자의 불합리함을 못 참아 직언을 하거나 하지는 않는다. 나는 비교적 온순한 성격이고, 사람들과 어울려 잘 지내고 싶어 하며, 기본적으로 관리자 분들에게(뿐만 아니라 모든 선배 교사께) 예의를 갖춰 대하는 게 맞다고 생각한다. 하지만 그건 그저 내 성향일 뿐이며, 승진을 위해 하고 싶은 말을 참아서가 아니다. 혹시나, 만약에, 무언가 불합리한 일이 있어 의견을 말씀드리고 싶을 경우, 나를 얽어매는 족쇄 같은 건 없었으면 한다.

넷째, 이게 가장 중요한 건데, 아이들과 함께하고 싶어서다. 아이들과 함께하는 것은, 교사의 가장 본질적인 존재 이유다. 아이들과 함께하지 않는 교사는 더 이상 교사가 아닌 것이다. 그렇다면 승진을 해서 관리자가 되면, 아이들과 함께할 수 없는가? 간접적으로야 아이들과 함께할 수 있고, 다른 위치에서 아이들을 위한 의미 있는 역할을 수행할 수 있지만, 수업을 하지 않는 현재의 관리자 문화로는 직접적으로 아이들을 만나기가 현실적으로 어렵다. 아이들과 함께하는 삶은 뭐니 뭐니 해도 평교사로 남아 교실에서 수업을 하는 것이다.

사실, 아이들과 함께하고 싶다는 나의 이 말은 다소간 위선적이다. 솔직히 말하자면 나는, 아이들에 죽고 못 사는 교사는 아니기 때문이다. 아이들과 함께 있는 것이 견딜 수 없이 행복하며 항상 보고 싶고, 그렇지는 않다. 부끄럽게도 그렇다. 게다가 나는, 몇 년 전 감당할 수 없는 한 아이로 인해 자존감에 상처를 받았고, 정신적으로 매우 힘들었던 경험도 있어, 아이들이 무작정 좋지는 않다. 솔직히 그렇다.

그러나 시간이 지나 내 자신을 다시 추스르고, 내가 살아가는 존재 이유에 대해 다시 곰곰 생각해보게 되었다. 《미움받을 용기》에서 아들러가 말하는 '공헌감'을 떠올렸고, 세상에 기여하는 삶을 살고 싶었다. 내 현재 위치를 다시 바라보게 되었고, 내 옆에는 아이들이 있었다. 아이들과 함께 삶을 가꾸는 것만큼 의미 있는 것은 없어 보였다. 다시금 떠올려 보건대, 아이들의 순수함만큼은 어떻게도 따라갈 수 없는 그 무엇이었고, 나의 교육이 아이들의 순수함과 만나는 어떤 순간은 때로 너무 가슴 벅차다. 비록 힘겹고 또 다른 시련이 닥쳐오더라도, 내 자신을 꾸준히 성장시키면서 끝까지 아이들과 함께하는 삶을 살기로, 지금 글을 쓰면서 다짐한다.

　승진하지 않기로 한 나의 다짐이, 끝까지 함께하기를 바란다. 끝까지 평교사로 남아, 멋진 퇴직 맞기를. 아, 그런데, 빨리 퇴직하고 싶네. 이건 참, 어쩔 수가 없다.

3

교육, 교실로 들어가다

기부를 했어요!

1.

　경제바자회 세금으로 걷은 돈, 1만 3,420원. 투자금을 빼고 순수익금의 10%이다보니 얼마 되지 않아요. 그러나 그래도 소중한 돈이에요. 아이들에게 이 돈을 어떻게 쓸지 물어보았지요.

　1) 기부를 하자는 의견
　2) 학급에 필요한 물품(보드게임, 피구공 등)을 사자는 의견

　이렇게 두 가지가 나왔어요. 저는 사실, 먹을 거 사먹자는 의

견이 압도적일 줄 알았는데, 그 의견은 아예 나오지도 않았네요. 그러기엔 돈이 너무 적다 생각했을까요. 어쨌든, 저 위의 두 가지 의견 중, 압도적으로 기부가 많았습니다. 4학년 우리 반 친구들에게 놀랐던 순간. 그럼 어디에 기부하는 게 좋을까, 물었더니 아래와 같은 의견이 나왔어요.

1. 아프리카 힘든 친구들 – 6명

2. 동물 보호 – 16명

3. 어려운 처지에 있는 결식아동 – 12명

4. 학교 못가는 친구들 – 5명

5. 린드블럼(야구선수라고 하네요)재단의 심장병 있는 사람들 돕기 – 3명

6. 연탄 나눔 – 1명

7. 치료비 없어 치료 못 받는 친구들 – 9명

두 번까지 손들 수 있게 했고, 동물 보호에 가장 많은 손을 들었어요, 아이들이. 그래서 이제 제가 동물보호단체를 알아봐서 기부할까 하다가, "동물보호단체를 혹시 알아와 볼 사람?" 했더니 의외로 많은 아이들이 손을 들더라고요. (그래서 전 다음날 엄청 많은 아이들이 조사해 올 줄 알았지요, 하하하) 다음 날 고맙게도 조사해 와준, 효진(가명)이와 예은(가명)이. 그 아이들이 조사해온

동물보호단체 4군데 모두를 홈페이지 하나하나씩 들어가 보며, 어떤 단체인지 같이 읽어보고, 동영상도 보고 하느라 꽤 오랜 시간이 걸렸어요. 모두가 다 의미 있는 곳이라, 사실 어디를 고르든 상관없을 것 같았는데 아이들은 그 중에서도 '꽂힌' 곳이 있었나 봐요. 결과는 아래와 같습니다.

1. 유행사(유기견 행복 찾는 사람들) – 10명
2. 카라 – 3명
3. 케어 – 20명
4. 한국동물보호연합 – 3명

케어가 압도적으로 많았고, 케어에 기부하기로 결정! 여기에 우리 반 세웅(가명)이와 지한(가명)이는 세금 외에, 경제바자회에서 자기들이 번 돈(투자금 포함) 모두를 이곳에 기부하겠다고 해서 얼마나 대견하던지. (이미 그 전에 이 두 친구는 그 돈을 기부하겠다고 저한테 돈을 맡긴 상태고, 어디다 할지만 못 정한 상태였습니다.) 거기에 저도 돈을 조금 보탰습니다.

아직 끝이 아닙니다. 그래도 아이들에게 직접 기부하는 모습을 보여주고 싶어, 케어 홈페이지에 들어가 후원하는 모습을 직접 보여주었습니다. 후원하면서 남기는 말에는 다음과 같은 글을 써서요.

'경기도 고양시에 위치한 ○○초등학교 2018년도 4학년 ○○반 친구들과, 지한, 세웅 학생의 뜻에 따라, 이 기부금을 동물보호단체 케어에 전달하고자 합니다.'

아쉽게도, 제 컴퓨터의 버벅거림과, 제 신용카드사의 문제와, 핸드폰의 문제 등으로 인해, 아이들이 하교할 때까지 결제에 성공하지 못했습니다. 끙끙거리다, 아이들이 다 가고 몇 분 후 성공했네요. 아무쪼록 이렇게 경제 프로젝트가 마무리 되었다는 점, 말씀드려요!

2.

위의 글은, 시작부터 조금 이상하다 생각했겠지만, 학부모와의 소통 창구로 활용하고 있는 학부모 '밴드'에, 학부모들을 대상으로 올린 글이다. 사진과 동물보호단체 '케어' 링크가 빠진 것 말고는, 원문 거의 그대로 올린 글이라 조금 조악하다. 줄 바꿈도 학부모들이 스마트폰으로 보기에 편하도록 한 거라, 약간 대중없다. 그래도 학부모들과 소통하는 모습을 날 것으로 싣는 게 가장 살아 있는 것 같아 편집 없이 실었다.

이 당시 내가 근무했던 학교가 혁신학교라, 교실에서 각종 '프로젝트'들을 진행했다. 그 중 하나가 '경제 프로젝트'였다. 아이들이 부모님과 '근로계약서' 쓰기, 계약서를 토대로 집안일 하며 용돈 벌기, 번 용돈으로 용돈 기입장 쓰기, 용돈 투자하여 경제 바자회에 팔 물건 정하고 가져오기, 경제바자회 참여하여 사고 팔기 등의 활동들이 대략적으로 이루어졌다.

아이들은 정말 열심히 팔았다. 판매 장부도 기록하고, 영수증도 발행하고, 잘 안 팔린다 싶으면 할인도 해 가며 미친 듯이 팔았다. 이런 경험을 통해 돈을 벌었다는 것만으로도 아이들은 엄청 뿌듯해 했지만, 더 많은 뿌듯함을 주고 싶었다. 그러나 그 이후 뿌듯함을 주는 주최자는 교사인 내가 아니었다. 아이들이 결정할 일이니까.

실제 경제 활동처럼 세금도 걷었다. 10프로. 아이들이 미친 듯이 팔았지만, 사실 투자금을 제외하면 순수익은 얼마 되지 않았다. 투자금을 뺀 순수익이 아예 없었던 아이들도 있었다. 사실 우리가 물건들을 무슨 도매로 떼어 올 수도 없는 노릇이니, 순수익이 거의 없는 건 어찌 보면 당연한 일이었다. 그렇게 한 푼 두 푼 모은 세금이, 1만 3,420원. 고작 1만 3,420원으로 무얼 할지를 정하는 자리였다. 아이들은 사뭇 진지했고, 그 과정은 위에 적은 글과 같다. 나는 정리만 했고, 처음부터 끝까지 아이들이 정했다. 아이들도 뿌듯했겠지만, 나도 참 뿌듯했다. 우리의 배때기만 불리는 게 아니라, 아주 자그마한 돈일지라도 다른 이들(동물)과 나누기 위해 저렇게 고심하고 진지해지는 아이들이라니.

어쨌든 아이들은 동물보호단체 중 '케어'를 선택했고, 아이들의 세금과 세웅이, 지한이의 기부금, 그리고 나의 보탬으로 5만 원을 그곳에 기부했다. 뜻 깊었다. 시간은 지나갔고, 아이들과 나는 2019년 1월 4일 이른 종업식과 겨울 방학을 맞았다. 그리고 문제의 사건이 터졌다. 바로 동물보호단체 '케어'의 '박소연' 대표와 관련한 여러 문제들이.

아시다시피 박소연대표는 4년 동안 250여 마리의 개를 안락사 시켰다고 한다. 거기에 단체 돈을 개인 목적으로 유용했다는 의혹도 받고 있다. 이 뉴스가 나오고 나서 솔직히, '참, 운도 지지리도 없다'고 생각했다. 자신들이 심사숙고해서 기부한 곳이, 뉴스에 고작 저따위 일로 오르내리는 것을 보는 그 심정이 정말 오죽할까. 내가 특별히 미안할 건 없지만(아이들이 직접 골랐다는 핑계로) 더 자세히 관심 갖고 알아봤다면 이런 일이 혹시 없지 않았을까 하는 생각도 했다.

그러나 안타까운 것은, 캐리를 선택해 기부했다는 것보다, 캐리와 박소연 대표의 사건이 하필, 우리가 종업식을 한 후에 터졌다는 것이다. 문제는 그것이다. 운이 지지리도 없었던 것은. 만약 종업식 전에 일이 터졌다면, 아이들과 동물들의 안락사에 대해서, 개식용과 다른 동물(돼지, 소) 식용 문제의 형평성에 대해서, 캐리와 박소연 대표의 문제라고 생각하는 여러 지점들에 대해서 더 심도 있게 알아보고 논의해 볼 수 있었을 테니까. 그건 훨씬 더 많은 배움을 일으킬 수 있는 더없이 좋은 기회였을 것이다. 그 좋은 기회를 놓쳐버렸다.

그저 아이들이 우리가 캐리에 기부했다는 사실을 잊어버렸길 바라거나(씁쓸하지만, 그런 아이들도 꽤 될 텐데, 그걸 바라는 게 이 무슨 아이러니일까), 스스로 캐리에 대해 더 알아보고 비판적 사고를 할 수 있길 바라는 수밖에. 아무쪼록, 자신들의 기부 행위에 대해 실망하지 않기를. 그래도 너희들의 기부 행위는 너무 멋졌다는 걸 알기를, 바라고 또 바라야 하겠다.

거침없이 교육

학교 가기 싫다

아, 학교가 가기 싫다. 오늘은 작정하고 투정 좀 부려 보겠다. 아이들을 가르치는 것만큼 의미 있는 일이 있을까 싶을 만큼, 이 직업의 가치는 말로 표현할 수 없다. 퇴근이 이르고, 방학이란 꿈 같은 황금연휴가 있고, 직업이 안정적이고, (비록 많이 깎였지만) 연금이 나오고 따위의 외적인 요인은 차라리 부차적이다. 세상에, 이처럼 가슴 묵직한 감동을 느낄 수 있는 직업이란 게 있기나 한가? 교사만큼 감동을 느껴 가며 일할 수 있는 직업은 흔치 않다.

괜히 위악적으로 굴지 말자. 지금껏 교사하면서 아이들에게서 가슴 묵직한 순간을 한 번도 느껴보지 못했다면, 당신은 심하게 위악적이거나 아니면, 미안한 말이지만 교사를 하기에는 가슴이

메말랐다. 다른 직업을 찾으시라. 아이들의 순수함은 어쨌든 어른들이 어떻게 할 수 없을 만큼 충분한 양이라(너무 충분하다, 젠장), 꼬장꼬장하게 우리를 감동시킨다.

그러나 감동을 받기 쉬운 만큼, 상처도 받기 쉬운 게 이 직업이다. 다른 상처와 비교하지 말라. 교사가 상처받기 시작하면 걷잡을 수 없다. 타 직업군과 비교 대상이 되지 않을 만큼, 상처는 깊고 크다. 상사에게 깨지고, 고객에게 인격모독을 당해도, 차라리 그건 나은 수준이라고 감히 말할 수 있다. 아무리 깨진다 한들, 그래도 그들은 어른에게 깨지는 것 아닌가. 상사도 어른이고, 고객들도 대개 어른이며, 그렇기에 그들의 쌍욕은 받아들일 수 있는 수준인 것이다. 고작 초등학교 3학년 아이에게 교사인 내가 욕을 쳐듣고 있는데, 어찌하지 못하는 그 순간만큼 치욕적일 수 있을까. 그런 순간이 매번 온다고 생각해 보라. 내 자존감은 바닥으로 떨어질 것이고, 정신적 충격은 이루 말할 수 없으리라.

그 초등학교 3학년 아이 때문에 명예퇴직을 하신 온화한 어떤 선생님을 이어 받아, 초등학교 4학년이 되어 온 그 아이를 내가 꼭 감당하지 못해서 그러는 것만은 아니다. 그 아이가 아니더라도 학교는 가기 싫었을 것이다.

매뉴얼 같은 게 있었으면 좋겠다. 그리고 그 매뉴얼대로 가르치는 게 딱딱 맞아 떨어져서 나의 가르침이 점점 능숙해지고 아이들도 내 의도대로 정확히 따라와 줬으면 좋겠다. 경력에 맞춰 일은 점점 쉬워지거나, 더 많은 것들을 해낼 수 있었으면 좋겠다. 그런데 도무지 이 직업은 그런 매뉴얼 같은 게 없거나, 있어도 크게 쓸모가 없다. '행복교실'의 정유진 선생님이 아무리 '학급운영 시스템'을 개발해 내도, 한계가 있다. 지역에 따라 다른 게 아이들이고, 하루가 다르게 변해가는 게 아이들이다. 왜 고경력, 원로 교사들이 고학년을 꺼리는가. 경력이 많으면 오히려 남들이 기피하는 고학년을 해야 하는 것이 아닌가? 그런데 현실은 젊은 교사들, 중간 경력 교사들이 대체로 고학년을 맡는다. 그만큼 경력이라는 게 크게 소용이 없다는 걸 보여주는 현상이라 할 수 있겠다.

그런데 과연, 우리가 기피 학년을 꺼려하는 그 선생님들을 손가락질 할 수 있을까? 오히려 힘들기는 매한가지인 저학년을 안정감 있게 맡아줘서 고마워해야 하는 건 아닐까? 그런데 이제 저학년마저, 해마다 달라지는 아이들을 버거워 하며 삐걱대는 소리가 이곳저곳에서 들린다.

승진은 안 한다고 떵떵거렸다. 특히 내가 남자기 때문에 더 승진을 해야 한다는 말들에는, 콧방귀도 안 뀌었다. 내 전문인 한 귀로 듣고 한 귀로 흘리기 전법으로 모든 걸 물리쳤다. 나는 자신이 있었다. 나는 계속 성장할 것이란 자신. 그리하여 결국 아이들과 행복한 나날들을 보낼 자신. 그런데 경력 고작 10년도 안 된 내가 벌써부터 아이들이 버겁다. 물론 견딜 수 있는 버거움이긴 하나, 어쨌든 종잡을 수 없는 이 어린이들과 평생을 살 생각을 하니 갑자기 눈앞이 아득하고 깜깜해진다. 아, 혹시 이래서 다들 승진을 하는 건가? 갑자기 승진하는 사람들 중 일부가 이해되기 시작했다. 옛날 한량으로 혼자 살 때의 나였으면, 웬만큼 하다가 적당한 시점에 퇴직해서 놀고먹고 하다가, 돈 떨어질 때쯤 되면 기간제나 하다 다시 놀고먹고 할 텐데, 이제 결혼해서 그러지도 못한다. (물론 결혼 생활은 너무 행복하다. 혹시 오해하실까봐.)

승진은 뭐 쉽나. 어려운 거 당연히 안다. 그냥 다들 이 맘 때쯤(?) 한 번씩 이런 생각 들지 않나. 이런 하소연 또 어디에다가 하나. 글로 쓸 수 있을 때 해야지. 어린 애처럼 투정도 좀 부려보고 그래야 풀리지. 오늘도 내일도, 나는 학교가 가기 싫다. 너무너무, 무지무지, 학교 가기 싫다. 아주 학교 가기 싫어 죽겠다.

칭얼거림은 여기까지. 이제 속이 좀 시원하다.

거침없이 교육

똥 앞에서 한 점
부끄럼 없기를

아침에 '이것을' 거른 적은 없다. 어느 순간부터 내 장은 튼튼하고 건강해져 일을 열심히 잘한다. 아침에 '이것을' 거른다면, 속이 더부룩하고 너무 불편해서 점심 전에 꼭 일을 치르게 된다. 수업과 수업 사이 쉬는 시간에, 틈을 봐서 허겁지겁 5분 정도 만에 끝내야 한다. 나는 진득하게 오래 싸는 성격이라 그 짧은 시간 안에 해결하기는 너무 버겁다. 허겁지겁, 되는 만큼 후다닥, 마무리하고 나온다. 아무리 내 똥이 급해도, 수업은 해야 하지 않은가. 급한 불은 껐으니.

첫 문단과 제목만 봐도 알겠지만, 그래, 똥 얘기다. 나는 똥 애기 하는 걸 좋아한다. 사실 똥 얘기, 더 하고 싶어 입이 근질근질 하다. 어릴 때는 똥을 지금처럼 잘 누지 않아 일주일에 한 번 정도밖에 안 눴던 이야기, 술 먹고 난 다음날은 하루에 다섯 번도 넘게 누기도 했던 이야기 등등. 그러나 이 자리가 내 똥 눈 이야기를 풀어놓는 자리는 아니니까, 여기서 그치련다. 여하튼 나는 똥 얘기 하는 걸 좋아한다. 똥 얘기는 사람들의 가면을 벗겨 주니까. 더러워하면서도, 사람들을 천진하게 웃게 해주니까. 금기의 아슬아슬한 영역을 똥이 건드려, 시원하게 해주니까.

그렇다고 무슨 내가 똥 얘기만 하고 사는 건 아니다. 똥 얘기가 사람들을 불편하게 하는 자리라고 여겨진다면, 당연히 애초에 꺼내지 않는다. 사람들과 어느 정도 친해지고 나서, 혹은 똥 얘기 꺼내면 감정의 벽이 확 무너질 것 같다고 판단되면 꺼낸다. 그마저도 수줍은 나의 성격 탓에 상황을 보고 또 본 후, 내 몸이 시킬 때 꺼낸다. 벌써 똥 얘기만 세 문단 째다. 불편한 분이 계시다면 죄송하지만 그냥 넘기시길 권한다. 앞으로도 계속 똥 얘기만 할 것이므로.

학교에서도 물론 나는 아이들에게 똥 얘기를 한다. 어른들에게 똥 얘기는 조금 조심스럽지만 아이들에겐 상대적으로 덜 하다. 아이들은 백이면 백 좋아한다. '똥' 단어만 나와도 아주 자지러지고 좋아 죽으려 한다. 그렇게 좋아하는 아이들을 두고 내 어찌 똥

거침없이 교육

애길 안 할 수 있겠는가. 아이들과 똥 얘기는 일상이다.

"선생님 어디 가세요?"

"응, 똥 싸러."

"(까르르 웃으며) 또 똥 싸러 가세요?"

"응, 당연하지!"

"(또 배시시 웃으며)선생님, 즐똥하세요!"

"그래, 고마워. 즐똥할게!!"

급식실에서 급식을 마치고 나오면, 언제나 나를 맞아주는 네 명 정도의 4학년 우리 반 여자 아이들이 있다. 나를 졸졸졸 따라온다. 그러면 나도 뒤돌아 그 아이들 뒤를 졸졸졸 따라가면서 서로 장난을 주고받는다. 그러는 사이 어느새 목적지에 다다른다. 교사용 화장실. 위 대화는 그 화장실을 내가 가기 전 이 아이들과 항상, 매일 주고받는 대화다. 물론 실제 점심시간에 교사용 화장실에서 똥을 누진 않는다. (물론 아주 가끔은…) 그저 소변보고, 손을 닦고 할 뿐이다. 그러나 저렇게 똥 얘기를 농담 삼아 섞으니 분위기가 얼마나 화기애애하고 즐겁고 유쾌한가.

그 유쾌함을 위해 다소 도발적으로 나가기도 한다. 이전 학교에서는 교실에서 급식을 했는데, 밥 먹는 동안 플래시 노래를 많이 틀어줬다. 이번엔 어떤 노래를 틀까 목록을 컴퓨터로 보고 있는데, 아이들이 꽂힌 제목이 있었다. 바로 '내 똥꼬'. "선생님, 저

거 틀어요!!"라는 말을 나는 놓치지 않고 잡아챘다.

내 똥꼬

박진하 시/ 백창우 곡

똥 누러 뒷간에 가면
똥은 뿌지직 잘도 나온다
끙 끙 끄 응
조금만 힘줘도 잘도 나온다
자랑스런 내 똥꼬

<예쁘지 않은 꽃은 없다>(백창우, 마임 분교 아이들, 보리, 2003) 중에서

　플래시 영상엔 똥 누는 장면, 똥 장면들이 그려져 있다. 또 틀
자 해서 또 틀었다. 그래, 원하는 만큼 틀어주마. 처음엔 재밌어
하던 아이들도 밥 먹으며 똥 노래를 계속 보고 들으니 거북했는
지, 몇몇 아이들은 고만 보자 한다. 그렇지만 장난기 많은 친구
들 몇몇은 또 보자 한다. 그래서 꿋꿋이 또 틀었다. 힘든 아이들
이 늘어갔다. 너무 했나. 그러나 나는 잔인하게도 이 상황을 즐
기며 속으로 낄낄대고 웃었다.

　　　　　　　　　　　　　　　　　　　거침없이 교육

그래서 벌을 받았나. 어떤 아이가 똥을 지렸다. 누군지는 모른다. 대변기가 있는 두 번째 칸. 똥은 대변기 뚜껑, 대변기 모서리, 양 옆 벽, 벽 뒤 등등 산발적으로 묻어 있었다. 그 아이는 똥으로 그림을 그린 게 틀림없었다. 같은 학년 선생님들은 모두 고민했다. 그날은 금요일이었는데, 냄새는 비교적 심했고, 이 상태로 주말을 맞을 학교를 떠나기엔, 똥의 자태와 냄새가 너무 추악했다. 행정실에 전화해보니 청소하시는 여사님(학교에서 이 직종에 일하시는 분의 호칭을 고작 '여사님'으로밖에 표현 못하는 건 문제라고 생각한다. 그러나 마땅히 더 나은 호칭을 찾지 못해 부끄럽게도 부득이 이 단어를 쓴다)은 이미 퇴근하신 후였다. 어찌해야 하나, 어찌해야 하나, 머리를 맞대도 답은 나오지 않았다. 그런데 군대 가기 전 발령받은, 그리고 군대를 전역하고 얼마 전 다시 발령받은, 그 당시 신규였던 승호(가명) 샘은 대수롭지 않게 얘기했다.

"제가 치울게요."

마지못해서 하는 얘기가 아니었다. 그게 뭐 그리 큰일이냐는 듯, 당연히 우리가 해야 하는 것 아니냐는 듯. 승호 샘은 바로 양말을 벗고, 바지를 걷어 올렸으며 걸레를 찾아 나섰다. 나도 뒤따라가 양말을 벗고, 바지를 걷어 올렸으며 걸레를 찾아 나섰다. 이내 화장실에서 호스를 꽂고 두 번째 칸에 물을 뿌리기 시작했다. 호스의 물과 걸레로 똥의 그악스러운 자태는 생각보다

금세 사라졌다. 승호 샘이 주도적으로 했고, 나는 뒤처리만 살짝 했다. 승호 샘 이전엔, 누구도 똥을 직접 닦고 치울 생각을 하지 않았었다.

교사들은 상상하는 것과 달리, 교실에서 손에 흙 한 번 안 묻히며 고상하게 있지 않는다. 아이들이 통으로 엎은 반찬 찌꺼기들을 치워야 하고, 속이 안 좋아 게워낸 아이들의 토를 치워야 하고, 교실에 들어온 벌과 사투를 벌여야 한다. 그렇지만 똥은 아니었다. 똥을 치우지 않을 만큼은, 고상했다. 그리고 그 정도 고상함을 가진 것은 문제가 되지 않는다고 생각한다. 그러니까, 교사들이 똥을 직접 닦고 치울 생각을 하지 않은 것이, 욕먹을 일은 결코 아니라고 생각한다.

그럼에도 나는 왠지 부끄러웠다. 똥을 좋아한다던 내가, 결국 현실의 똥 앞에서 주저하다니. 똥에 대한 사랑이 부족함을 깨달았다. 글을 쓰면서 나를 되돌아보게 된다. 나는 앞으로 똥 애기를 부끄럼 없이 할 수 있을까. 똥 앞에서 한 점 부끄럼 없기를.

교실에서 에어컨을 끄자는 고리타분한 이야기

교실에서 에어컨을 끄자는 고리타분한 이야기가 시작된다. 우리 반은 에어컨을 켜지 않는다. 정확히 말하자면, 28.5도가 되기 전에는 켜지 않는다. 그렇게 된 저간의 사정은 이렇다.

에어컨은 잠시 꺼둘게

'북극곰아'라는 노래가 있다. 그 노래가 마음에 들어 가사부터 차분히 살펴보고, 노래를 불렀다. 노래는 넘치지 않는 흥겨움이 있었고, 어린이 노래인 듯하지만 유치하지 않은 선율로 아이들의 귀와 입을 끌어들인다. 그 노래의 가사는 이렇다.

'북극곰아 북극곰아/ 너의 보들한 하얀 털이 난 좋아/ 북극곰아 북극곰아/ 너의 동그란 까만 눈이 난 좋아/ 차가운 얼음 위에/ 니가 니가 살 수 있게/ 뜨거운 여름에도/ 에어컨은 잠시 꺼둘게.' 〈좋아서 하는 밴드 – 북극곰아〉

그렇다. 노래에는 '에어컨은 잠시 꺼둘게'라는 부분이 있었다. 노래가 무색하게 우리 교실은 에어컨이 빵빵하게 틀어져 있었다. 마침 한 아이가 "우리 에어컨 꺼요!"라고 이야기했다. 일단은 껐다. 여기서 다른 모든 아이들이 "맞아요, 우리 북극곰 불쌍하니깐 에어컨 꺼요!"를 외친다면 너무 아름답고 동화 같은 이야기겠지만, 현실의 교실은 모든 교사들이 알 듯, 그렇지 않다. 파주 깊은 산골의 이 아이들조차, 전체 사회를 위해 개인을 희생하는 일 따위, 쉽사리 하지 않는다. 그리고 그게 꼭 잘못된 것만도 아니다. 개인의 희생을 강요하는 전체주의 문화는 사라져야 마땅하다. 건강한 ('건강한'이라는 수식어조차 필요 없지만) 개인주의 문화는 민주주의 사회에서 꼭 필요하다고 생각한다. 다만, 상대방에 대한 존중이 없는 이기주의를 경계해야 할 뿐이다.

어쨌든 에어컨을 끄자는 말에 몇몇 아이들은 찜찜하다는 듯한 반응을 보였다. "아, 더운데. 그럼 이제 에어컨 못 켜요?" '북극곰아' 노래를 부르면서, 녹은 빙하에 힘겹게 버티고 서 있는 불쌍한 북극곰 영상도 보고, 지구 온난화는 왜 일어나며 무엇이 문제인지에 대해서도 충분히 공부했는데, 이런 얘기가 나오면 솔직히 힘이 빠지는 건 사실이나, 앞에서 얘기했듯 그것은 큰 문제가 아니다. 생각해보면 그런 반응이 나오는 것도 당연하고, 그런 다양한 생각을 평화적으로 조율해 가는 게 민주주의다.

"선생님은 에어컨을 켜지 않고 환경을 생각하는 것도 중요하지만, 여러분들이 쾌적하게 생활하면서 공부하는 것도 중요해요. 환경 생각한다고, 여러분들이 막 더워 미치겠는데, 강제로 에어컨 못 켜게 할 생각 없어요."

그냥 하는 말이 아니었다. 나에게 '생태'와 '환경'이라는 단어가 주는 무게감은 상당하지만, '강요'로 이루어지는 그 어떤 숭고한 가치도 의미가 있다고 생각하지 않다. '도그마(맹신)'에 빠진 모든 이념, 주의, 가치는 항상 실패하며, 결국 폭력적으로 끝나기 마련이다. 상징적으로 얘기하는 '폭력'이 아니라, 실제 무력이 동반된 '폭력' 말이다.

그렇다고 의미가 있는 가치에 대해 손 놓고 있는 것도 교사로서의 자세는 아니라고 생각한다. "그런데, 그럼 우리가 막 그렇게 덥지도 않은데, 아무 때나 에어컨을 켜도 괜찮은 걸까요?" 질문에 아이들은 당연히 아니라고 한다. 걸려들었다 이놈들. "그럼 얼마나 더우면 켜는 게 좋을까?" 재빨리 다시 물었다. "지금이 몇 도예요?"

한 아이가 물었고, 지금은 어떠냐고 되물으니 이 정도는 괜찮다고 답한다. 시스템 에어컨에 현재 온도 알려주는 버튼이 있기에 눌렀더니, 26.5도였다. 생각보다 높다고 했다. 몇 도가 적당한지에 대한 논의는 계속되었다. 우리 반 한 쪽 벽에, 내가 이 교실을 사용하기 전부터 붙어 있었던, '에어컨 사용 규정' 안내 게시물에는 '가동 온도 28도, 적정온도 26도 유지'라고 쓰여 있었다. 그걸 본 한 아이가 28도로 하자고 했고 대체적으로 수긍하는 분위기였다.

이렇게만 끝나도 참 쉽다. 하지만 현실은 더 어렵다. 자기는 추위를 잘 탄다며 계속 29도로 주장하는 아이가 있었기 때문이다. 끝나지 않을 것 같았던 온도 논쟁은, 결국 28.5도로 합의를 봤고, 그이후로 우리 반은 28.5도가 되지 않으면 에어컨을 틀지 않는다.

나는 에어컨에 손을 대지 않는다. 전기 담당하는 아이가 있어, 그 아이가 수시로 온도 확인을 하고 28.5도가 넘으면 켜고, 안넘으면 안 켜기 때문이다. 사람들은 덥다고들 얘기하지만, 28.5도까지 가는 경우는 아직 많지 않다. 그 결정을 한 지 2주 정도의 시간이 흘렀는데, 한 번 정도밖에 켜지 않았다. 대부분 28.5도 아래여서, 켜지 않고 생활했다. 다소 더워도 선풍기로 충분히버텼다. 아이들은 그래도 자기들이 한 결정이기 때문에, 조금 더워도, 온도 확인을 한 후에 28.5도가 되지 않으면 스스로 켜지 않

거침없이 교육

는다. 물론, 힘들어했다.

에어컨이 환경에 나쁘다는 것은 사실일까

내가 약간의 바람을 넣기는 했으나, 본인들의 결정에 의해 에어컨을 일정 온도 이하까지는 틀지 않기로 했으니, 꽤 의미 있는 과정과 결과였다고 생각한다. 그러나 나는 사실 조금 찜찜했다. 아이들에게 정말 충분한 정보를 제공한 것인지 의문이 들었기 때문이다. 에어컨이 환경에 안 좋다는 것을 사람들은 상식처럼 알고 있어서 아무 의심을 하지 않지만, 내가 얼핏 들은 에어컨에 대한 최신 정보는 그 상식을 의심하기에 충분했다.

에어컨이 환경에 안 좋은 이유는 크게 두 가지다. 첫째는 엄청난 전력 소모로 인한 탄소 배출, 둘째는 냉매인 프레온 가스의 오존층 파괴. 그러나 근래에 내가 들은 정보는, 최근에 나온 에어컨들은 전력 소모가 많지 않다는 것, 그리고 프레온 가스도 현재 친환경 냉매로 대체되었다는 것이었다.

만약 이 두 가지가 사실이라면, 에어컨이 환경에 안 좋다는 건 편견에 불과하거나, 다소 과장됐다는 결론에 이를 수밖에 없다. 그렇지 않은가. 전력 소모가 많지 않다면 탄소 배출도 많지 않다는 것이고, 프레온 가스가 아닌 다른 친환경 가스가 사용된다면 오존층 파괴도 되지 않으니 사실상 환경에 큰 피해를 주지 않는 것이다. 정확한 사실을 확인해 보지도 않고, 그저 과거의 상식에 기댄 불완전한 정보를 아이들에게 준 나를, 반성할 수밖에 없는 대목이다.

그래서 늦었지만, 지금부터라도 알아봤다. 아래에 나오는 내용은 에어컨과 환경에 관한 다소 딱딱한 것들이 주를 이루니 관심 없는 분들은 여기까지만 읽으셔도 된다. 환경에 관심 있는 분들은, 의외로 모르는 정보들이 있을 것이니 (내가 그랬다) 열심히 읽어 주시라.

전력 소모의 경우

대체적으로 에어컨이 전력 소모가 많은 것은 맞다. 보통 수준이 아니라, 엄청나게 소비한다. 룸 에어컨은 선풍기 20~30대, 벽걸이 에어컨만 해도 선풍기 10대 이상을 틀 수 있는 전기를 소비한다. 이게 대체적인 상식이고 대체적으로 맞는 말이다. 전기에너지의 막대한 소비는 곧 화력발전소 가동률을 높여(전기에너지의 대부분은 화력발전소를 돌려 생산된다) 결국 온실가스 배출량을 늘린다. 화력발전소는 알다시피 석탄을 태워 에너지를 생산하는데, 그 과정에서 많은 이산화탄소를 발생시키고, 그 이산화탄소는 대기의 대부분을 차지하는 온실가스로서, 지구온난화를 가속화시킨다. 다른 무엇보다 전기에너지 소비를 많이 하는 것이 에어컨이라면, 그것이 지구온난화에 미치는 악영향은 자명한 것이다.

그러나 앞에서 말했듯, 최신식 에어컨들은 사정이 다르다. 최신 에어컨 종류 중 '인버터' 에어컨이 있는데, 이 인버터 에어컨의 경우 전력 소모가 현저히 적다. '인버터' 에어컨 중 '에너지소비효율 1등급' 제품의 경우는 더더욱 적다. 과연 얼마나 전력 소모가 적기에 그러는 걸까?

〈딴지일보〉의 2018년 8월 2일자 기사 '에어컨 전기요금의 진실4: 최악의 폭염, 에어컨을 24시간 돌려봤다'에는, 글쓴이가 실제로 집에서 에어컨을 틀며 측정한 값이 아주 상세하게 나와 있다. 에어컨 요금이 얼마나 나올까? 1등급 인버터 에어컨으로 27도 설정 후 24시간 운전을 할 경우, 2018년 7월 21일 36.5도까지 오른 기록적인 폭염에 10.3kWh의 전기를 소모했고, 당시 최고 요금제 구간(280원/kWh)을 적용해도 하루 3,000원 수준밖에 나오지 않았다. 36.5도까지 올랐을 때가 그렇다는 것이고 그것보다 낮은 온도일 경우는 당연히 비용은 더 떨어진다. 거기다 24시간을 모두 틀지 않으면 어떻게 될까? 비용은 또 더 떨어진다. (물론 단순히 3,000원을 24분의 1로 나누는 값으로 시간당 비용이 균등하게 환산되지는 않는다. 처음 에어컨을 틀 때 전력 소모가 훨씬 크기 때문이다.) 실험 당시의 에어컨이 2015년 형이었는데, 최근 것은 에너지 효율도 더 좋을 것으로 예상할 수 있다. 이 정도 수준이라면 사실상 에어컨 전기에너지 소모로 인한 탄소 배출을, 심각한 수준이라고 말할 수는 없지 않을까?

그러나 문제는, 이 에너지소비효율 1등급의 인버터 에어컨은 고가라는 점이다. 학교에서 이런 고가의 에너지소비효율 1등급의 인버터 에어컨을 쓸까? 서울의 경우 2008년부터 본격적으로 학교에 설치되기 시작한 시스템 에어컨 난방기는 학교를 '전기 먹는 하마'로 만들었다. 전기 비용 문제로 에어컨을 틀지 못하게 한 게 한두 번이 아니다. 물론 거기에는 과한 교육용 전기료 책정의 문제가 한 몫 하긴 했지만, 단순히 그 문제만일까? 에너지소비효율 1등급의 인버터 에어컨이었으면 과연 그랬을까?

프레온 가스가 친환경 냉매로 바뀌었다는 건 사실일까

어릴 때부터 내가 들어온 에어컨의 대표적 환경파괴 주범은, 프레온 가스였다. 그것은 맞는 말이다. 프레온 가스(CFCs=염화불화탄소)는 오존층 파괴의 주범이기 때문이다. 오존층, 너무 익숙하지만 정확하게 뭔지 가물가물하실 거다(역시나 내가 그랬다). 오존층이 없으면 우리는 태양의 그 뜨거운 열에너지에 모두 타죽을 것이다. 타죽지 않고 살아 있는 이유는, 오존층이 그 열에너지 중 일부를 돌려보내고, 우리가 필요한 만큼만 받아들여 적당한 온도를 유지시켜 주기 때문이다. 그 오존층을 프레온가스가 파괴한다. 파괴되는 만큼 태양의 열에너지는 더 많이 지구로 들어와 지구를 뜨겁게 달군다.

다행히도, 이 프레온가스는 1990년대부터 퇴출되기 시작했다. 구형 에어컨에 쓰일 수는 있겠으나(에어컨 냉매 표시에 R-22로 나와 있다면, 프레온가스를 쓰고 있는 것이다) 신형 에어컨에는 프레온가스가 쓰이지 않는다. 새로 쓰이는 냉매는 오존층을 파괴하지 않는, 수소불화탄소(HFC)다. 그렇기에 각광받았고, 널리 쓰이게 되었다. '친환경 냉매'라는 그릇된 표현까지 써가면서 말이다. 그럼 이 녀석은 오존층을 파괴하지 않으니 지구온난화에 아무런 영향을 끼치지 않을까? 천만의 말씀이다. 오존층을 파괴하지 않는 대신, 온실가스로서 지구를 덥게 만든다.

프레온가스는 그 자체로 온실가스는 아니어서, 이산화탄소처럼 지구의 열을 밖으로 못 빠져나가게 하지는 않는다. 다만, 오존층을 파괴할 뿐이다. 그러나 신 냉매인 수소불화탄소는 온실가스여서, 지구의 열을 밖으로 나가지 못하게 붙잡는다. 그런데 그 효과는 이산화탄소보다 훨씬 높다. 무려 1,900배 정도. 집 에어컨 냉매 표시에 R-410A로 나와 있으면 그것이 바로 수소불화탄소이다. 우리 집 에어컨도 이 냉매를 사용한다. 종합하자면, 학교에서 에어컨을 켜지 않는 게, 무의미하지는 않다는 것. 환경에 조금이나마 도움이 된다는 것.

교실에서 에어컨 없이, 버틸 수 있으면 버텨보자

무책임한 말이다. 버티긴 뭘 버티는가. 35도가 넘어가는 폭염 속에서도 그런 말이 나오는가. 바로 4, 5년 전만 해도 교실은 에어컨을 틀지 못한 채(혹은 눈치 보며 조심스럽게 튼 채), 30도가 넘는 교실에서 수업을 했던 끔찍한 경험을 갖고 있다. 오죽 했으면 '수요일 밴드'(교사로 이루어진 밴드다)의 '에어컨 좀'이라는 노래가 나와 선풍적인 인기(물론 교사직군에 한해서다)를 끌었겠는가. 수업이 안 된다. 땀을 줄줄 흘리면서 짜증만 늘어갈 뿐이었다. 에어컨을 자유롭게 켤 수 있게 된 건 불과 3, 4년 정도밖에 안 된 일이다. 이제 좀 자유롭게 켜게 됐는데, 뭐? 에어컨 없이, 버틸 수 있으면 버텨보자고?

욕먹을 소리라는 걸 안다. 현실을 알기에 에어컨을 켜는 교실에 나는 아무 말도 못하겠다. 볼테르의 말을 약간 패러디 하자면, 이렇다. '나는 에어컨을 되도록 안 켜는 게 좋다고 생각한다. 그러나 누가 당신이 교실에서 에어컨 켠 것에 대해 욕을 한다면, 나는 당신의 편에 서서 싸우겠다.'

다른 이에게 함께하자고 할 성질이 아닐지도 모른다. 또, 아이들의 동의 없이는 불가능한 일이기도 하다. 그저 내가 할 수 있

거침없이 교육

는 만큼, 아이들과 할 수 있는 만큼, 묵묵히 하면 그것으로 충분한 의미가 있다고 생각한다. 나는 교실에서 에어컨 없이, 그래도 버틸 수 있는 만큼 버텨 보련다. 한 명쯤은 멋있게 생각할 사람이 나오지 않을까? 그래서 같이 동참해보고 싶은 사람도 생기지 않을까? 헛된 꿈을 꿔 본다.

사과

"아~! 뭐야, 왜 던져?"
"아닌데. 안 던졌는데?"
"던졌잖아~!"
"응, 아니야."
"던졌잖아~!"
"응, 아니야."

5학년 우리 반 친구 동준(가명), 우찬(가명)이의 목소리다. 무슨 일인지 물었다. 우찬이가 컵스택 장난감으로 다른 친구와 놀고 있는데, 동준이가 컵스택을 계속 장난으로 건드려 방해가 돼 하

거침없이 교육

지 말라고 했단다. 그랬더니, 동준이가 손난로를 던져 목 아래쪽에 맞았다는 것. 우찬이의 설명은 그러했다. 이에 동준이는, 자기는 던지려고 한 게 아니라 땅에 떨어진 손난로를 주어 들어 올리다가 손에서 빠져나가서 우찬이 쪽으로 갔다는 것. 동준이가 거짓말을 하는 것 같진 않았고, 우찬이도 컵스택에 집중하고 있어 던지는 모습까진 못 본 것 같다. 동준이 입장에선, 일부러 그런 건 아닌데 뭐라고 하니, 억울해서 그런 반응이 나온 모양이다.

"일단 동준이가 우찬이한테 일부러 그런 건 아닌 거 같은데 우찬이 생각은 어때?" 물으니, 우찬이도 동준이가 일부러 한 건 아닌 것 같다고 한다. "그런데 동준이가 일부러 한 건 아니지만, 동준이가 우찬이 몸에 맞게 한 건 비록 실수더라도 잘못한 거예요. 동준이가 우찬이한테 사과해야 할 것 같은데, 어때요? 우찬이는 동준이가 사과하면 받아줄 수 있나요?"

우찬이는 받아줄 수 있다고 했다. 그런데 동준이가 말이 없다. 여린 아이다. 이내 눈물이 맺힌다. 곧 수업을 시작해야 해서, 동준이가 어떻게 해야 할지 스스로 생각해 보고 이번 수업 끝나고 쉬는 시간에 다시 얘기해보자 했다.

수업이 시작하고 아이에게서 이내 좀 전과 같은 우울한 모습은 사라졌다. 수업에 잘 참여했고, 웃으며 이야기했으며, 밝은 모습으로 돌아왔다. 쉬는 시간이 왔다. 아이를 불렀다. 어떻게 할 건지 물었다. "사과할 생각이 있나요?" 아이는 다시 대답이 없다. 다시 눈물이 고일랑 말랑 한다. "혹시 무언가 억울한 게 있다거나 다른 생각이 있으면 얘기해 주세요, 괜찮아요." 역시 대답이 없다. "동준이가 어떻게 하는 게 좋을지 스스로 생각해보고 얘기해주세요. 선생님 잠깐 기다려 줄게요."

아이를 내 옆 의자에 앉히고 잠시 기다렸다. 기다려도 대답이 없다. 어떻게 할지 다시 물어도 마찬가지다. "동준이가 아직 정리가 안 된 것 같아요. 다음 중에서 대답해주면 좋겠어요. 지금 동준이가 어떤 마음일지. 1번, 내가 잘못했다고 생각하지 않는다. 2번, 사과하는 게 맞다고 생각하는데 사과하는 게 어색해서 못하고 있다. 3번, 다른 생각이 있다. 4번, 어떻게 해야 할지 잘 모르겠다. 이 중에서 한 번 골라줄 수 있을까요?"

아이는 고민한다. 한 번 더 정리해서 얘기해줬다. 어쨌든 선생님은 해결될 때까지 이 문제에 대해 끝까지 동준이와 이야기할 거라 했다. 아이는 머뭇거리더니 조그맣게 2번이라고 대답한다. 그렇구나. 잘못했다고 생각하는데 사과하는 게 익숙하지 않았구나. 그래도 이렇게 대답해줘서 고맙다.

"조금 어색하더라도 한 번 해보는 게 어때요? 그냥 별 거 아니에요. '우찬아, 내가 아까 실수로 손난로로 맞춰서 미안해.' 딱 이 말만 하면 돼요. 그 말 하고서 그냥 쿨 하게 다시 놀면 돼." 아이

거침없이 교육

는 또 머뭇거린다. 금세 쉬는 시간이 갔다. 동준이에게 용기 내줬으면 좋겠다는 말과 함께 다음 쉬는 시간에 어떻게 할 건지 얘기해달라 했다. 또 한 번의 수업이 끝나고 점심시간이 왔다. 점심을 먹고 올라와 잠시 책상에서 숨을 돌렸다. 그런데 어랏? 동준이는 이미 우찬이와 얘기하며 놀고 있다. 그래, 사실 아이들은 꼭 이렇게 사과하지 않아도 자기들끼리 다 풀려서 또 사이좋게 지내지. 아주 잠깐, '아, 사과시키는 거 그냥 그만 둘까?' 생각도 들었다.

하지만 이번에 이렇게 두루뭉술하게 넘어가면, 아이는 다음에 또 비슷한 상황에서 자기가 잘못했을 때도 두루뭉술하게 넘어가려 할 것이다. 굳이 내 잘못을 인정하지 않아도, 사과하지 않아도, 다시 충분히 사이좋게 지내고 없었던 일처럼 할 수 있는 걸? 아이는 아마 그런 식으로 자신의 잘못을 회피할 것이다. 그리고 언젠간 크게 한 번 부딪치고, 상처 주며 상처받을 것이다.

자신의 잘못을 인정하고 사과하는 경험을 쌓아가는 건, 그리하여 자신의 행동에 책임을 지는 건, 공동체에서 함께 살아가는 데 필요한 기본 중의 기본이다. 아이는 착하고 순수하지만, 아직 미숙하다. 배워야 하고, 해내야 한다.

이미 우찬이와 잘 놀고 있는 동준이를 다시 불렀다. "동준이, 어떻게 할지 생각해 봤나요?" "저, 그냥 사과할게요." 이번엔 아까와는 다르게, 물어보자마자 대답한다. 그래, 어쩌면 이제 지겹고 귀찮겠지. 내 노는 시간, 이렇게 뺏길 수 없다 생각하겠지. 이러나저러나 상관없다. 사과하는 게 내 노는 시간 뺏겨 가면서까지 안 할 건 아니라는 걸, 아는 것도 중요하다. 그거 사실 별거 아니구나, 알 수 있다면야. 아이는 사과를 너무 가볍게 생각해서 문제가 아니라, 너무 무겁게 생각해서 문제였다.

우찬이와 동준이를 한 데 불렀다. "우찬아, 내가 손난로 실수로 맞혀서 미안해." "나도 네가 실수로 그런 건데 오해해서 미안해." 아이들은 아무 일 없었다는 듯 휙 돌아가서 놀기 바빴다.